# 알면 돈 버는
보험지식

개정판

# 알면 돈 버는
# 보험지식

초판 1쇄 발행일  2017년 9월 20일
개정판 1쇄 인쇄일  2019년 10월 21일
개정판 1쇄 발행일  2019년 10월 25일

**지은이** 이현종
**펴낸이** 양옥매
**디자인** 임흥순, 김영은
**교　정** 조준경

**펴낸곳** 도서출판 더문
**출판등록** 제2012-000376
**주소** 서울특별시 마포구 방울내로 79 이노빌딩 302호
**대표전화** 02.372.1537　**팩스** 02.372.1538
**이메일** booknamu2007@naver.com
**홈페이지** www.booknamu.com
**ISBN** 979-11-89498-04-7(03320)

이 도서의 국립중앙도서관 출판시도서목록(CIP)은 서지정보유통지원 시스템 홈페이지(http://
seoji.nl.go.kr)와 국가자료공동목록시스템(http://www.nl.go.kr/kolisnet)에서 이용하실 수 있습니다.
(CIP제어번호 : CIP2019041210)

*저작권법에 의해 보호를 받는 저작물이므로 저자와 출판사의 동의 없이 내용의 일부를 인용하거나
　발췌하는 것을 금합니다.
*파손된 책은 구입처에서 교환해 드립니다.

평생 한 번은 읽어야 할 알짜배기 보험 활용 가이드

# 알면 돈 버는 보험지식

개정판

이현종 지음

더문

추 천 사

## 보험지식은 돈이다

'아는 것이 힘이다'라는 말을 들어 보지 않은 사람은 아마 없을 것입니다. '나를 알고 적을 알면 백전백승'이란 말 또한 마찬가지입니다. 그만큼 '앎'에 대한 중요성이 얼마나 큰가를 일깨워 주는 격언이라 할 수 있을 겁니다. 현재 우리나라 개인 보험 가입률은 무려 96.7%에 이를 만큼 보험은 이미 우리 삶 속에 깊숙이 침투해 있습니다. 그런데 과연 자신이 가입한 보험에 대해 제대로 알고 있는 사람이 몇이나 될까요?

중국 격언 가운데 '읽지 않고 덮어 둔 책은 휴지 뭉치에 불과하다'는 말이 있습니다. 보험 또한 마찬가지입니다. 자신이 가입한 보험에 대해 제대로 알지 못하면 보험은 그저 아무렇게나 던져 놓은 휴지 뭉치에 불과할 뿐이죠. '아는 게 힘이다', '나를 알고 적을 알면 백전백승'이라 영혼 없이 외쳐 댈 게 아니라, 보험에 대해서도 자세히 알아보는 건 어떨까요? 혹시 누가 압니까? 이 책의 제목처럼 진짜 '돈 버는' 지식이 될지 말이죠.

보험은 위험을 가장 효율적으로 관리할 수 있는 상품일 뿐만 아니라, 요즘 같은 저금리 시대에는 그 어떤 금융상품보다 좋은 재테크 수단이

됩니다. 보험 가입 전 알아야 할 기본 상식에서부터 알면 알수록 이득인 보험 활용방법까지, 보험의 모든 것을 총망라하여 다루고 있는 이 책이 독자 여러분들께 도움이 될 것이라 믿습니다.

마 득 락
미래에셋대우 사장

## 머리말

## "제가 가입한 보험이지만
제가 잘 모르겠어요."

증권회사 지점에서 고객 자산을 관리하는 일을 했을 때, 보험과 관련해서 여쭈어 보면 자주 들었던 말이다. 실제로 본인이 가입한 보험에 대해 제대로 알고 있는 사람은 얼마나 될까?

현재 우리나라의 보험산업은 수입보험료 기준 세계 6위 수준으로 성장해 있고, 개인별 보험가입률은 무려 96.7%에 이를 정도로 보험은 우리 삶 속에 깊이 그리고 중요하게 자리 잡고 있다. 하지만 보험에 대한 만족도는 최하위 수준이며, 보험상품에 가입하여 5년 이상 유지하는 비율이 50%가 채 안 되는 것이 지금의 현실이다. 실제로 '보험' 하면 처음 떠오르는 느낌은 '보험은 부담스럽다.', '보험을 가입하면 손해 본다.', '보험설계사는 무조건 피해야 한다.' 등이라고 한다. 최초 보험을 가입할 때 보험을 제대로 이해하지 못한 채 가입한 것이 이런 문제를 야기한 것이 아닐까 생각한다.

보험은 위험을 가장 효율적으로 관리할 수 있는 상품 중 하나이기 때문에 기본적인 지식은 꼭 필요하다. 보험을 제대로 알고 잘 활용하면, 그 어떤 금융상품보다 좋은 재테크 수단이 될 수 있으며, 삶에서 꼭 필요한 시기에 도움을 받을 수 있다. 하지만 보험에 대해 제대로 알지 못하고 가입하면 꼭 필요한 순간에 도움이 안 되는 휴지조각과 같이 되어 버릴 수 있다.

때론 보험에 대해 제대로 모르고 가입했으나 혜택을 보는 경우도 있고, 제대로 알고 가입했으나 혜택을 보지 못하는 경우도 있다. 하지만 확실한 것은 보험에 대해 알고, 본인의 상황에 맞는 보험을 가입했다면 혜택을 볼 수 있는 확률은 그만큼 높아질 수밖에 없다는 것이다.

증권회사에서 몸담은 12년의 기간 동안 약 2천여 명 이상의 고객들의 자산을 컨설팅하였다. 그 중 고객들이 보험에 대해 많이 오해하고 궁금해했던 내용들을 위주로 담았다. 책을 모두 읽을 시간이 없어도 책의 목차만 보더라도 도움이 될 수 있도록 구성하였고, 책 중간중간 삽입되어 있는 알면 쓸데 있는 보험상식만 읽어도 '보험은 이런 것이구나!'라는 것을 알 수 있도록 작성하였다. 이 책을 통해, 내가 가입했지만 잘 몰랐던 보험에 대해 올바로 알게 되는 계기가 되었으면 좋겠다.

개정판이 나올 수 있도록 많은 도움과 배려를 해 주신 VIP컨설팅팀 류장욱 팀장님과 팀원들에게 감사드리며, 주짓수를 인연으로 만나게 되어 이 책의 전반적인 내용을 검토해 주시고 조언해 주신 보험연구원 기승도 형님께도 감사드린다. 마지막으로 책이 출간되기까지 아낌없는 내조를 해 준 사랑하는 아내와 열심을 다해 응원해 준 주원이, 예원이에게 이 책을 바친다.

2019년 10월

이 현 종

# 목 차

추천사     4
머리말     6

## 보험 가입 전 알아야 할 필수 기본지식

| | | |
|---|---|---|
| 1 | 보험은 만일의 사태를 대비하기 위해 생겨났다 | 12 |
| 2 | 위험 있는 곳에 걱정이 있고, 걱정 있는 곳에 보험이 있다 | 15 |
| 3 | 재산 증식이 목적이라면 저축성보험이 적합하다 | 20 |
| 4 | 나에게 맞는 보장성보험은 따로 있다 | 27 |
| 5 | 보험의 계약관계자는 다양하다 | 37 |
| 6 | 실제 나이와 보험 나이는 다르다 | 40 |
| 7 | 같은 보험도 판매하는 곳에 따라 혜택이 다르다 | 44 |
| 8 | 사망 종류에 따라 보험료가 다르다 | 49 |
| 9 | 해약을 하지 않을 거라면 이 보험을! | 54 |
| 10 | 보장성보험의 보험료는 최대한 낮춰서 길게 납입하자 | 58 |
| 11 | 내가 가입한 보험, 보험회사가 망한다면? | 63 |

## 보험, 제대로 알고 활용하기

| | | |
|---|---|---|
| 1 | 보험 가입 시 받을 수 있는 절세혜택 | 70 |
| 2 | 보험으로 상속·증여세 낮추는 방법 | 77 |
| 3 | 보험을 활용한 효과적인 장애인자녀 절세증여 방법 | 83 |
| 4 | 나에게도 숨겨진 보험금이 있을까? | 90 |
| 5 | 보험료 납부하기 부담스러울 때는 이 방법을 | 95 |
| 6 | 속아서 가입한 보험, 손해 보지 않고 되돌릴 수 있다? | 100 |
| 7 | 보험금을 담보로 보험회사에서 대출을 받을 수 있다 | 109 |
| 8 | 실손의료보험 제대로 알고 활용하기 | 114 |
| 9 | 갱신형 보험과 비갱신형 보험 활용법 | 121 |
| 10 | 전세보증금도 보험으로 보장받을 수 있다? | 125 |

11　동일한 보험에 가입해도 보험료를 아끼는 방법이 있다　　129
　　12　저축성보험의 다양한 연금수령방법 활용하기　　139

## Level 3　보험, 이것만은 유의하자

　　1　불리한 내용도 보험가입 할 때 반드시 알려야 한다　　148
　　2　가입 조건이 까다롭지 않은 보험은 의심해 보자　　153
　　3　보험료 납입을 멈추면 보험금을 받을 수 없다　　160
　　4　보험회사에서 조사 나올 때, 이렇게 대응하면 손해 보지 않는다　　167
　　5　보험회사는 보험계약을 무조건 받아 주지 않는다　　174
　　6　이혼했을 때 내 보험 지키는 방법　　181
　　7　압류의 위험이 있을 때 내 보험 지키는 방법　　185
　　8　펀드와 변액보험은 다른 금융상품이다　　191
　　9　상조보험과 상조서비스는 전혀 다른 상품이다　　197
　　10　누구나 빠지기 쉬운 보험사기 유혹　　201
　　11　가입 시 받았던 제안서와 가입한 보험상품이 다르다면?　　206

## Level 4　이것만 알면 나도 보험전문가

　　1　보험상품의 보험료 책정하는 방법　　214
　　2　보험의 수익구조를 알면 보험상품이 보인다　　220
　　3　보험상품에서 발생하는 비용들 파헤치기　　230
　　4　싸고 좋은 보험은 드물다　　241
　　5　보장성보험을 해약하면 보험회시기 이득?　　246
　　6　보험리모델링은 실패할 확률이 높으므로 신중을 기해야 한다　　255
　　7　공제는 보험과 비슷하지만 다른 상품이다　　262
　　8　좋은 보험관리자, 나쁜 보험관리자　　270

 **부록**　2020년부터 적용되는 보험법규 개정내용　　277

Level 1

보험 가입 전
알아야 할
필수 기본지식

Level 1

## 1. 보험은 만일의 사태를 대비하기 위해 생겨났다

사람은 세상에 태어나서 죽을 때까지 다양한 종류의 사고와 질병에 노출된 채로 살아가야만 한다. 특히 그 사고나 질병이 치명적일 경우, 당장 생계에 문제가 생겨 안정적인 생활을 유지하기 어려워질 수 있다. 이런 현실에서 보험은 미래의 예측할 수 없는 재난이나 불의의 사고로 인한 경제적 손실을 보전하기 위해 만들어진 제도라고 할 수 있다. 또한 보험은 만일의 사고를 대비한 보장기능을 갖춤과 동시에 오래 사는 위험을 대비한 재산마련과 재산증식을 위한 저축기능도 동시에 갖추고 있다.

### 최초의 보험은 기원전부터 시작되었다

최초 보험의 시작은 기원전으로 거슬러 올라가야 한다. 기원전부터 사람들은 집단생활을 하면서 구성원이 사망하거나 사고를 당해 손해를 입으면 이를 공동으로 도와주었다. 대표적으로 기원전 3세기경 생긴 '에라

노이'와 로마시대의 '콜레기야'라는 단체를 들 수 있다. 에라노이는 어떤 사람이 갑작스럽게 감당하기 힘든 처지에 이르거나 돈이 필요하게 되었을 때 도움을 주는 종교적 단체였다. 콜레기아는 회원이 납부하는 회비를 통하여 종교 활동에 필요한 비용을 충당하기도 하고, 장례비와 유가족을 위해 일정 금액을 지급하는 조합의 형태를 갖춘 단체였다.

보험이 오늘날과 비슷한 형태를 갖추기 시작한 것은 중세시대 부터였다. 대표적인 예로 13세기경부터 발달한 '길드'라는 독일의 동업자 간의 조합을 들 수 있다. 그 당시에는 육로와 해상교역이 활발하게 일어났는데, 교역이 활발한 만큼 많은 위험도 존재하였다. 길드는 교역하는 과정에서 발생한 사망·화재 등의 재해를 지원하는 상호구제제도를 운용함으로써 길드 구성원들이 감당하기 힘든 위험들을 보장하였다.

## 우리나라 보험의 시작은 '계'였다

우리나라에는 보험이라는 용어를 사용하기 이전에 보험과 유사한 개념의 '계'가 있었다. '계'는 마을 주민이나 친족 간의 협동조직으로 불행한 사고로 피해를 당하면 함께 돕는 제도로써, 우리나라 보험의 시작이라고 볼 수 있다.

우리나라에 보험이란 제도가 처음 도입된 시기는 1876년에 맺어진 강화도조약 이후부터였다. 일본의 생명보험회사가 우리나라에 처음으로 보험대리점을 개설하였는데, 부산에 최초로 보험대리점을 개설한데 이어 인천, 목포 등의 항구도시부터 개설을 시작하였다. 그 후 1921년 우리나라 기업인들이 우리나라 순수보험회사인 조선생명 주식회사를 설립하였고, 그다음 해에 우리나라 최초의 손해보험회사인 조선화재해상보험 주식회사를 설립하였다. 일제 강점기 동안 우리나라의 보험산업은 일본에게 점유당하고 있었지만, 광복 이후 일본의 보험회사들은 우리나라에서 철수하게 된다. 하지만 철수하는 과정에서 보험가입자들에게 보험료를 환급해 주지 않거나 보험금을 지급하지 않고 떠나 우리나라 국민들은 큰 손해를 입게 되었다. 어쩌면 이때부터 보험에 대한 부정적인 인식이 심어지는 계기가 되었을 수도 있는 큰 사건이었다.

## 우리나라 최초 보험계약의 대상은 사람이 아니었다

우리나라의 최초 보험계약은 1897년에 이루어졌다. 그런데 놀라운 것은 사람도 아니고 물건도 아닌 소의 위험을 담보한 계약이었다는 점이다. 그 당시 보험증서에는 소의 털 색깔과 뿔의 여부, 상태 등이 기록되어 있었고, 소 한 마리당 엽전 한 냥의 보험료가 책정되어 있었다. 그리고 소의 크기에 상관없이 보험료는 동일했다. 소에게 사고가 발생했을 때 지급되는 보험금은 소의 크기에 따라 달리 지급되었는데 큰 소는 100냥, 중간 크기의 소는 70냥, 작은 소는 40냥의 보험금이 책정되어 지급되었다.

이렇게 보험은 불확실한 미래를 대비하여 불의의 사고로 인한 경제적 손실을 보전하기 위해 만들어져 지금까지 발전해 왔다.

Level 1

## 2  위험 있는 곳에 걱정이 있고, 걱정 있는 곳에 보험이 있다

위험이 존재하는 곳에 걱정이 있고 걱정이 존재하는 곳에 보험이 있다. 보험은 미래의 예측할 수 없는 재난이나 불의의 사고 등으로 감당하기 힘든 경제적 손실을 보전하기 위해 만들어졌다. 이런 보험상품을 통해 우리는 만일의 사태를 대비할 수 있는 것이다. 그렇다면 얼마나 많은 위험을 보험으로 전가할 수 있을까? 실질적으로 보험을 통해 일상생활에서 발생하는 거의 모든 위험을 전가할 수 있다고 해도 무방하다.

### 대부분의 위험을 보험으로 전가할 수 있다

만약 길을 가다가 넘어져서 뼈가 부러졌다면, 실손의료비보험을 통해 의료비를 보상받을 수 있다. 만약 병에 걸렸다면 질병보험을 통해 보상받을 수 있고, 질병으로 인해 수술을 했다면 수술과 입원비도 보상받을 수 있다. 그리고 자동차를 운전하다 사고가 발생했다면 자동차보험을 통해 보상받을 수 있으며, 운전자보험으로 교통사고에 대한 법률적인 비용과 소송비용을 보상받을 수 있다.

집에 불이 나면 화재보험으로 피해를 보상받을 수 있다. 또 공놀이를 하던 중에 내가 찬 공이 지나가던 사람의 머리에 맞아 다쳐도 배상책임보험을 통해 상대방에게 배상해 줄 수 있고, 치아가 좋지 않아 치과치료를 받으면 치아보험을 통해 보상받을 수 있다. 나이가 들어 간병이 필요하면 간병보험을 통해 간병비용을 보상받을 수 있고, 치매에 걸려도 치매보험을 통해 보상받을 수 있다. 결혼하여 자녀가 생겼다면 태아보험 또는 어린이보험을 통해서 자녀에게 발생할 수 있는 위험을 보험회사에 전가할 수 있다. 해외여행 중에 다쳤다면 여행자보험을 통해 보상받을 수 있고, 장기간 유학 중에 질병에 걸려 병원에서 치료를 받았다면 해외실손보험을 통해 보상받을 수 있다.

이러한 위험뿐만 아니라 오래 사는 위험도 보험으로 대비할 수 있다. 예상보다 오래 살게 되어도 연금보험을 통해 평안한 노후를 준비할 수 있고, 미래를 대비하여 재산의 증식이 필요하다면 저축보험을 통해 준비할 수 있다. 이뿐만 아니라 나의 신용도 보증보험을 통해 보증할 수 있고, 아파트 전세보증금도 보험가입을 통해서 안전하게 지킬 수 있다.

심지어 보험을 판매하는 보험회사 또한 보험을 통해 위험을 전가할 수 있다. 갑작스런 재해나 재난이 닥쳤을 경우 보험회사 스스로 모든 위험을 보상해 줄 수 없는 경우가 발생할 수 있다. 그런 상황을 대비하여 보험회사는 재보험회사를 통해 재보험을 가입하여 보험회사 스스로 감당할 수 없는 위험을 대비할 수 있다. 이외에도 다양한 위험을 보험을 활용하여 전가할 수 있다.

이처럼 보험은 우리 삶의 전반적인 위험들의 대부분을 전가할 수 있을 정도로 다양한 상품들이 개발되어 판매되고 있고, 실제로 많은 개인과 단체들이 가입하여 활용하고 있다. 보험연구원에 따르면, 우리나라 개인별 보험가입률은 2018년 기준 96.7%이다. 우리나라 인구의 대다수가 보험을 가입한 만큼 보험은 우리의 삶과 굉장히 밀접하게 연관되어 있으며 우리가 살아가는 데 있어서 꼭 필요한 도구라고 할 수 있겠다.

물론 이렇게 수많은 보험들을 모두 가입할 필요는 없다. 보험을 가입하지 않았다고 해서 문제가 발생하는 것은 아니기 때문이다. 보험은 우리가 감당하지 못할 위험을 대비하기 위해 가입하는 것이다. 따라서 각자의 상황에 맞게 보험을 선택적으로 가입하면 된다. 만약 본인에게 충분한 재산이 있어서 병원비에 대한 부담이 없고, 본인이 사망해도 남겨진 유가족들이 살아가는 데 전혀 지장이 없다면 보험은 불필요할 수 있다. 또 만일의 위험을 대비해 보험료를 납입하는 대신 별도로 병원비를 위한 저축을 하고 있다면, 그 또한 보험이 불필요할 수 있다. 이와는 반대로 집안의 가장인 본인이 큰 사고를 당할 경우, 당장 가족의 생계를 걱정해야 되는 상황이라면 보험은 꼭 필요할 수 있다. 또 예상치 못한 질병이나 사고로 인해 향후 일을 쉬게 됨으로써 발생할 수 있는 소득단절이 염려된다면 보험은 필요할 수 있다. 암 또는 당뇨와 같은 가족력이 있다면, 본인 또는 자녀들에게 동일한 질병이 발병할 확률이 상대적으로 높기 때문에, 이 또한 보험이 필요할 수 있는 것이다.

이처럼 각자가 처한 상황이 모두 다르기 때문에 누구에게는 꼭 필요한 상품이 될 수도 있고, 다른 누구에게는 꼭 필요하지 않을 수 있다. 하지만 막연히 보험에 대한 부정적인 인식으로 보험을 거부한다면 그것은 좋지 않은 선택이 될 수 있다. 사람 일이라는 것이 살아생전에 어떤 일이 언제 갑작스럽게 닥칠지 알 수 없기 때문이다. 위험은 본인이 미처 인지하지 못한 곳에서 갑작스럽게 나타난다. 만약 예상하지 못한 사고로 인해 본인에게 중대한 변화가 일어나고, 이에 대해 준비가 되어 있지 않다면 인생은 참 힘들어질 수밖에 없을 것이다. 따라서 보험을 제대로 알아야 왜 보험이 필요한지, 어느 시기에 어떤 용도로 보험이 필요한지 판단할 수 있다. 모두에게 좋은 보험이란 없다. 하지만 본인에게 맞는 보험은 있다.

인생을 살아감에 있어 떼려야 뗄 수 없는 보험, 이제 제대로 알고 가입하고 제대로 활용하자.

## 알아 두면 쓸 데 있는 보험 상식

### ☑ 스위스에는 '눈 부족' 보험이 있다?

스위스에서는 '눈 부족' 보험을 판매하고 있다. 이 보험은 알프스로 스키 여행을 온 여행객을 대상으로 판매하는 보험인데, 알프스에 내린 눈이 부족하여 스키를 타지 못하는 경우에 보상한다. 눈 부족으로 인해 스키를 타지 못할 경우 보험금으로 26만 원에서 최대 66만 원까지 지급받을 수 있다. 스위스 입장에서는 눈이 부족해 여행객들의 계획에 차질이 생겨도 보험금 지급을 통해 여행자들의 불만을 해소 할 수 있고, 여행객 입장에서도 눈이 부족해 스키를 타지 못해도 보험금을 받아 위안 삼을 수 있으니 서로에게 득이 되는 셈이다.

### ☑ 호주에는 '캥거루' 보험이 있다?

호주에는 '캥거루' 보험을 판매하고 있다. 이 보험은 자동차와 캥거루가 부딪히는 사고를 당했을 때 보상한다. 호주에서는 매년 캥거루와 자동차가 충돌하는 사고가 약 2만여 건이나 일어난다고 한다. 그래서 많은 운전자들이 캥거루와의 충돌사고를 걱정하지 않을 수 없다. 이러한 필요성에 따라 호주에는 '캥거루 보험'이 생겨났다.

이처럼 각국에서는 소비자들의 요구에 맞춰 보험상품이 새롭게 개발되어 판매되고 있다.

Level 1

## 3  재산 증식이 목적이라면 저축성보험이 적합하다

보험상품은 굉장히 다양하다. 개인보험과 단체보험, 생명보험과 손해보험, 보장성보험과 저축성보험, 일반계정보험과 특별계정보험, 정액보험과 실손보험, 갱신형보험과 비갱신형보험 등으로 크게 분류되며, 이 범주 안에 다양한 상품들이 존재한다. 이 중 본인에게 꼭 맞는 상품이 무엇인지 알고 가입하는 것이 중요하다. 이번 장과 다음 장을 통해서 저축성보험과 보장성보험에 대해 알아보도록 하자.

### 보험은 목적에 따라 저축성보험과 보장성보험 2가지로 구분된다

저축성보험은 재산의 증식을 주목적으로 만들어진 상품이기 때문에 보장 부분이 최소화되어 있다. 보장을 최소화한 만큼 위험보험료도 적다. 보장성보험은 위험 보장을 주목적으로 만들어진 상품이기 때문에 위험에 대한 보장을 최대화하고 저축은 최소화한다. 물론 상품에 따라 저축의 기능도 혼재되어 있지만, 기본적으로 위험보험료 및 제반비용이 저축성보험보다 높기 때문에 중도에 해약 시 손실이 발생할 확률이 높다. 저축성보험과 보장성보험을 구분 짓는 기준은 7년 시점 또는 납입완료 시점에 원금 이상 돌려받을 수 있느냐 없느냐에 따라 구분된다.

### 저축성보험과 보장성보험 구분 기준

| 구분 | 구분기준 | 비고 |
| --- | --- | --- |
| 보장성보험 | 납입원금 > 해지환급금 | 납입원금이 해지환급금을 초과하는 시점 기준은 납입 완료 시점 또는 7년 시점 기준 (일시납의 경우 15개월) |
| 저축성보험 | 납입원금 < 해지환급금 | |

### 보험업 감독규정

#### 제7-60조 (생명보험의 보험상품 설계 등)

보험회사는 영 별표7 제3호에 따라 생명보험상품을 설계하거나 보험약관을 작성하려는 경우 다음 각 호의 사항을 지켜야 한다.

**3. 저축성보험의 경우 평균공시이율을 부리이율로 계산한 순보험료식 보험료적립금이 납입완료시점**(납입기간이 7년 이상인 경우 7년, 일시납의 경우 15개월)**에 이미 납입한 보험료를 초과해야 한다.** 다만, 보험기간이 종신인 생존연금 및 연금저축보험은 평균공시이율에 0.25%p를 가산한 부리이율로 계산할 수 있다.

보험상품이 저축을 주목적으로 하느냐 보장을 주목적으로 하느냐에 따라 상품의 종류가 달라지므로 저축성보험과 보장성보험을 잘 구분할 수 있어야 한다.

## 상품명으로 보험의 성격을 구분할 수 있다

저축성보험인지 보장성보험인지, 어떤 성격을 가지고 있는 상품인지는 상품 명칭을 보면 손쉽게 구분 가능하다. 일반적으로 저축성보험은 상품 명칭 뒷부분에 저축보험, 연금보험, 즉시연금보험, 변액연금보험, 변액유니버셜보험, 변액적립보험으로 기재되어 있다. 보장성보험은 종신보험, 상해보험, 암보험 등으로 명칭이 기재되어 있다. 보험특성에 따라 차이가 크기 때문에 보험상품 가입 시 보장을 목적으로 가입할 것인지 또는 저축을 목적으로 가입할 것인지를 확실히 정하고 가입해야 나중에 불필요한 손해가 생기지 않는다.

예를 들어, A보험회사에서 연 3% 확정금리가 제공되는 보장성보험을 가입했다고 가정해 보자. 이 상품은 금리는 높지만 저축성보험이 아니다. 보장성 보험은 위험보장이 주목적인 상품이므로 원금이 되려면 저축성보험보다 더 오랜 시간이 소요된다. 하지만 보장성보험인 것을 모르는 보험소비자 입장에서는 현재 시중금리가 연 1% 중반 수준임에도 불구하고 보험회사에서 연 3%를 보장해 준다고 하니 굉장히 매력적으로 보일 수 있는 것이다. 하지만 금리가 높아도 보장성보험이기 때문에 납입기간이 끝날때까지는 대부분 원금이 되지 않는다. 보장성보험은 기본적으로 저축성보험보다 사업비가 높게 책정되어 있고, 위험을 보장하기 위한 위험보험료 등이 저축성보험보다 높기 때문이다. 그래서 이러한 비용을 차감하고 금리를 적용하기 때문에 원금이 되는 데까지 꽤 오랜 시간이 소요된다. 따라서 시중금리보다 높은 금리를 보장하더라도 보장성보험은 중도에 해지 시 손해를 볼 가능성이 높다. 만약 위험보장을 목적으로 하는 것이 아닌 재산증식을 목적으로 가입하고자 한다면, 보장성보험이 아닌 저축성보험으로 가입하는 것이 적합하다.

## 저축성보험은 크게 6가지 종류로 나누어진다

### ✚ 비과세로 재산을 증식할 수 있는 일반저축보험

저축보험은 일반적으로 재산의 증식을 주목적으로 가입한다. 보험대상자인 피보험자가 만기까지 생존하였을 때 만기보험금이 지급되고, 보험 기간 중 사망 시 그 당시 적립금과 일정 금액의 사망보험금이 같이 지급된다. 저축을 주목적으로 하기 때문에 사망보험금의 규모는 상대적으로 크지 않다. 사망보험금이 크지 않기 때문에 위험보험료도 그만큼 낮다. 은행에 맡기면 예금이율을 적용하듯이 보험회사는 쌓여진 적립금에 대해 공시이율을 적용한다. 최저보증금리가 있어 금리가 하락하더라도 최저보증금리는 보장된다. 세법에서 정하는 요건을 충족 시 금융소득비과세 혜택도 받을 수 있다.

### ✚ 사망 시의 보장과 생존 시의 저축을 겸할 수 있는 양로저축보험

양로저축보험은 피보험자가 보험 기간 중에 사망하거나 또는 생존하였을 경우에 동일하거나 비슷한 보험금을 지급하는 보험이다. 쉽게 말해, 살아도 1억, 죽어도 1억이 지급되는 보험인 것이다. 보험대상자인 피보험자가 사망하였을 때 유족에게 사망보험금이 지급되고, 사망하지 않으면 만기에 만기보험금을 돌려받을 수 있어서 '생사혼합보험'이라고도 불린다. 공시이율이 적용되며 최저보증금리가 있어 금리가 하락하더라도 최저보증금리는 보장된다. 최저보증이율은 일반저축보험보다 높은 경우가 많다. 세법에서 정하는 요건을 충족 시 금융소득비과세 혜택도 받을 수 있다.

### ✚ 노후를 대비할 수 있는 일반연금보험

연금보험은 크게 세제적격연금보험과 세제비적격연금보험의 두 가지로 나뉜다. 세제적격연금보험은 연금저축보험으로 납입 시 일정 금액이 세액공제되어 연말정산 시 일정 금액의 세금을 환급받을 수 있다. 연금 수령 시 연금소득세를 부과하고, 해지 시에는 기타소득세를 부과한다.

이에 반해 세제비적격 연금보험은 납입 시 세액공제가 되지 않으나 세법에서 정하는 요건을 충족 시 금융소득비과세 혜택을 받을 수 있다. 공시이율이 적용되며 최저보증금리가 있어 금리가 하락하더라도 최저보증금리는 보장된다. 연금유형은 크게 평생 동안 지급되는 종신형 연금, 원금은 두고 이자만 수령하는 상속형 연금, 원금과 이자를 정해진 기간 동안 나누어 받는 확정형 연금으로 나뉜다.

### ✚ 연금을 바로 지급하는 즉시연금보험

즉시연금보험은 일정 금액을 일시에 보험료로 납입하고, 납입 즉시 또는 일정 기간 후부터 매달 일정 금액을 연금으로 받을 수 있는 보험상품이다. 상품에서 약정한 공시이율을 적용하여 연금을 지급하며, 최저보증이율이 있어 금리가 하락해도 최소한으로 받을 수 있는 연금액은 정해져 있다. 연금 형태는 종신형 연금·상속형 연금·확정형 연금 등 자신의 상황에 맞게 지급 유형을 선택할 수 있으며, 세법에서 정하는 요건을 충족 시 금융소득비과세 혜택도 받을 수 있다.

### ✚ 투자를 통하여 연금수령액을 높일 수 있는 변액연금보험

변액연금보험은 주식, 채권 등에 투자하는 실적배당형 연금보험이다. 장기적으로 물가상승에 대비하여 실질가치가 보전된 금액을 연금으로 받을 목적으로 가입한다. 투자실적이 낮아도 상품에 따라 일정 금액을 보증한다. 보증하는 시점은 연금 개시 시점 이후이며, 원금 또는 원금과 일정 수준의 이자를 보증한다. 연금 형태는 종신형 연금·상속형 연금·확정형 연금 등 등 자신의 상황에 맞게 지급 유형을 선택할 수 있다. 상품에 따라 펀드로 계속 운용하며 연금을 수령할 수 있는 실적배당연금도 선택 가능하다. 세법에서 정하는 요건을 충족 시 금융소득비과세 혜택도 받을 수 있다.

### ✚ 비과세로 펀드에 투자할 수 있는 변액저축(유니버셜)보험

변액저축보험은 변액연금보험과 같이 주식, 채권 등에 투자하여 이익을 배분하는 실적배당형 상품이다. 다른 점은 변액연금보험은 연금을 주목적으로 하는 상품이지만, 변액저축보험은 비과세로 펀드에 투자하여 재산의 증식을 통해 목돈 마련을 주목적으로 한다는 점이다. 연금기능은 별도의 특약 형태로 설정되어 있다. 만기는 종신으로 설정되어 있어 해약하지 않으면 계속해서 상품을 유지할 수 있다. 세법에서 정하는 요건을 충족 시 금융소득비과세 혜택도 받을 수 있다.

이처럼 저축성보험도 매우 다양하기 때문에 본인의 투자 성향과 운용할 수 있는 기간 등을 고려하여 상품을 선택하여야 한다. 만약 은행의 예금처럼 안전하게 운용하며 재산의 증식을 원한다면 공시이율이 적용되는 일반저축보험과 양로저축보험, 연금보험이 적합할 수 있다. 보다 높은 성과를 추구한다면 변액연금보험 또는 변액저축보험이 적합하다. 연금 수령이 목적이라면 연금보험과 즉시연금보험, 그리고 변액연금보험이 적합하다. 생명보험협회와 손해보험협회 홈페이지에 접속하면 보험상품별로 세부 항목을 비교해 볼 수 있으므로 보험상품 가입 전 활용해 볼 필요가 있다.

## Level 1

## 4. 나에게 맞는 보장성보험은 따로 있다

보장성보험은 저축성보험보다 종류가 더 다양하다. 모든 보장성보험이 우리에게 모두 필요한 것은 아니지만, 만일의 사태를 대비하여 보장성보험의 종류와 각 특징들에 대해 어느정도 알아야 할 필요성이 있다.

### 남겨진 가족을 위한 종신보험

종신보험은 보험기간을 한정하지 않고 전 생애, 즉 피보험자가 사망할 때까지 보장하는 보험이다. 보험금은 사망하였을 때에만 지급되므로, 주로 피보험자가 사망한 후 유가족들의 생활 보장 및 생계유지가 주목적이다. 전 기간에 걸쳐 위험을 보장하고 사망 시 무조건 보험금이 지급되기 때문에 보험료가 상대적으로 비싸다.

## 조기 사고 위험을 대비할 수 있는 정기보험

정기보험은 전 기간을 보장해 주는 종신보험과 달리 정해진 기간만을 보장하는 보험이다. 따라서 보장기간 내에 보험사고가 발생해야만 보험금을 지급한다. 보장 기간이 한정되어 있기 때문에 종신보험보다 보험료가 저렴하다. 자녀의 독립 시기 또는 금전적으로 안정되는 시기까지 보장 기간을 설정하여 가입하는 경우가 많다. 보장 기간이 끝나면 해당 보험계약은 소멸된다.

## 질병에 대한 위험을 보장받는 질병보험

심신의 전체 또는 일부에 장애가 발생하여 정상적인 기능을 할 수 없는 상태를 '질병'이라고 칭하는데, 이를 보장하는 보험이 질병보험이다. 각종 암·특정 질병·뇌혈관질환·심장질환·당뇨병·만성질환 등 치료를 위해 필요한 금액을 보장하는 기능을 가지고 있다.

암보험은 암으로 인한 치료 자금을 중점적으로 보장하는 보험이다. 상품에 따라 암의 진단, 수술 등의 치료 자금 및 암으로 인한 요양 자금 등을 보장한다. 최근엔 특정 암만을 집중적으로 보장하거나 진단비만을 보장하는 상품도 판매되고 있다.

CI(Critical Illness)보험은 종신보험과 건강보험이 결합된 상품으로 암·심근경색·뇌졸중·말기신부전증 등 치명적이고 중대한 질병 발생 시 보장하는 보험이다. 해당 보험은 충분한 치료를 받기 위해 보험금의 50%~80%를 선지급으로 받을 수 있고, 남은 금액은 사망 시에 지급받을 수 있다. 중대한 질병뿐 아니라 중대한 수술과 화상 등도 보장한다. CI보험은 2002년부터 판매되기 시작하였지만 '치명적이고 중대한'에 해당되는 질병이 모호하고 보험가입자에게 명확히 설명되지 않아 보험회사와의 분쟁도 많았던 상품이다. 그러므로 CI보험을 가입한다거나 현재 보유하고 있다면 보장 요건을 꼼꼼하게 살펴볼 필요가 있다.

치매보험은 말 그대로 치매 발생 시 그에 따른 보험금을 지급하는 보험이다. 치매도 큰 질병 중 하나이다. 치매는 여러 단계로 분류되는데, 우리나라 치매환자의 80% 이상이 경증 치매로 분류된다. 문제는 치매보험의 대부분이 경증치매를 보장하지 않고, 집 바깥 활동을 독립적으로 수행할 수 없거나 문제 해결이나 판단을 전혀 할 수 없는 중증 치매진단에 대해서만 보장하고 있다. 그래서 치매보험 가입 시 치매보험의 보장범위도 살펴볼 필요가 있으며, 치매 범위에 따라 보험료는 달라질 수 있다. 시중에는 약 100여 개의 치매보험상품이 판매되고 있다.

치아보험은 충치, 잇몸질환 등의 질병 또는 사고로 인한 치아 보철치료나 보존치료 등을 받을 경우 보장하는 보험이다. 전화로도 간편하게 가입이 가능하고 보험료가 저렴하여 대중적으로 널리 알려진 보험이다. 보험 가입 전에 이미 치아질환을 보유한 사람이 보험금을 받을 목적으로 보험에 가입하는 것을 방지하기 위해서 질병으로 인한 치료에 한하여 면책기간 및 감액기간이 정해져 있다. 그래서 해당 기간에 발생한 보험사고에 대해서는 보장을 하지 않거나 보험금을 차감하여 지급한다. 다만, 상해 또는 재해로 인하여 치료를 받았을 경우에는 별도의 면책기간과 감액기간 없이 보험 가입일부터 보험금을 지급받을 수 있다. 또 중복 가입한 경우에도 보험금이 각각 지급된다. 치아보험은 정해진 항목에 한해서만 보험금이 지급되므로 사전에 보장 범위를 체크할 필요가 있다. 시중에는 약 30여 개의 치아보험상품이 판매되고 있다.

## 사고로 인한 위험을 보장하는 상해보험

상해보험은 외부로부터 발생한 급격하고 우연적인 사고로 인하여 신체에 이상이 발생할 경우 정해진 금액을 보상하는 보험이다. 보장하는 내용에 따라 일반재해 보장형·교통사고 보장형·각종 레포츠 사고보장형 등 다양한 종류가 있으며, 만기환급금의 유무에 따라 순수보장형과 만기환급형으로 구분된다. 재해사고 및 사망에 대한 보장·수술비·입원비 등의 특약기능을 추가하여 보장되는 항목들을 늘릴 수 있다.

## 유병장수의 위험을 대비하는 간병보험

간병보험은 유병장수의 위험을 대비하는 대표적인 보험이다. 나이를 먹을수록 질병에 걸릴 확률은 점점 높아지지만, 의학기술이 발전함에 따라 사망하지 않고 간병 상태가 오래 지속되는 유병장수에 대한 위험을 보장하는 것이다. 따라서 피보험자가 상해·질병 등의 사고로 인하여 더 이상 일상생활을 할 수 없는 상태로 활동 불능 또는 의식 불명에 도달하여 타인의 간병을 요하는 상태에 이르렀을 때 간병비를 보장받을 수 있다. 스스로 이동하지 못하거나 식사하기·목욕하기·화장실 사용하기·옷 입기 중 하나라도 스스로 못하는 경우 '일상생활 장애상태'라고 판단하여 보험금을 지급한다. 간병보험은 기존 보험과는 달리 보험회사의 판정에 따라 보험금을 지급하는 것이 아니라, 국민건강보험공단의 기준에 따라 보험금이 지급된다. 해당 보험은 등급 판정 시 일시로 보험금을 수령하는 담보와 등급 판정 시 일정 금액을 연금처럼 수령하는 담보로 나뉜다.

## 질병 및 상해로 인한 치료를 보장하는 실손의료보험

실손의료보험은 보험가입자가 실제로 부담한 의료비를 보장하는 보험이다. '민영의료보험', '의료실비보험' 등으로 불린다. 실손의료보험은 정액으로 지급하는 타 보험과 달리 실제 발생한 의료비를 기준으로 보험금을 지급한다. 따라서 다수의 실손의료보험을 가입하더라도 보험회사별로 보험금을 비례부담하기 때문에 본인이 부담한 의료비 이상을 받을 수 없다. 하지만 물가상승으로 인해 의료비가 상승하더라도 실손의료보험에서 보장하는 최대한도 내에서 모두 보상받을 수 있다는 장점이 있다. 실손의료보험은 생명보험회사와 손해보험회사에서 모두 가입할 수 있다.

## 화재로 인해 생기는 손해를 보장하는 화재보험

　화재보험은 화재로 인한 피해를 보상하는 보험이다. 화재보험의 대상물에는 건물·동산 또는 집한된 물건 이외에도 교량·입목·삼림 등이 포함된다. 화재의 원인은 어떠한 것이든 관계없다. 다만, 법 또는 특약에 의한 면책 사유, 즉 전쟁 기타 변란으로 인하여 생긴 화재의 손해, 자연적 소모, 보험계약자 또는 피보험자의 악의·중과실로 생긴 화재의 손해 등에 해당하는 경우에는 보상하지 않는다.


## 여행 중 사고를 보장하는 여행자보험

　여행자보험은 여행 중 발생한 상해나 질병으로 부담하는 의료비와 배상책임 등을 보장하는 보험이다. 또한 여행 중에 발생할 수 있는 휴대품의 도난 및 파손 등의 손해도 보상한다. 다만, 휴대품의 경우 부주의에 의한 방치나 분실로 인한 손실은 제외되며, 현금·여권·신용카드·항공권·콘택트렌즈 등은 휴대품으로 보지 않는다. 만약 2009년 10월 이전에 실손의료보험을 가입한 계약이라면 해외에서 발생한 의료비의 40%는 보상받을 수 있다. 하지만 그 이후에 가입한 실손의료보험은 여행으로 인한 보험사고에 대해 보험금을 지급하지 않는다. 따라서 여행자보험을 통해 만일의 위험에 대비할 필요가 있다. 보험 기간은 집에서 출발해 돌아오는 순간까지 보장되기 때문에 공항 가는 길에 발생한 사고도 보상받을 수 있음을 알아 두자.

## 장기간의 유학 중 사고를 보장하는 해외 실손의료보험

여행자보험은 단기간만 보장하기 때문에 적어도 1년 이상 체류하는 유학의 경우에는 여행자보험으로 보장받기 어렵다. 그래서 유학 또는 해외에 장기간 체류하게 되는 경우에는 해외 실손의료보험을 가입하는 것이 좋다. 다만, 일반적인 실손의료보험보다는 보험료가 비싸다. 그 이유는 외국의 의료보험제도가 우리나라와 달라서 환자가 부담하는 의료비 규모가 크기 때문이다. 따라서 해외에서 보험사고 발생 시 보험회사가 지급해야 할 보험금도 클 가능성이 높다. 만약 유학기간동안 해외 실손의료보험을 가입한 경우, 국내에서 가입한 실손의료보험의 보험료 납입을 일시 중지할 수 있다. 만약 보험료를 계속 납입한 상황이라면, 유학에서 돌아온 후 3개월 이상 해외에 체류한 사실을 입증하면 납입하지 않아도 되었을 보험료를 되돌려받을 수 있다.

## 자녀에게 발생한 사고를 보장하는 어린이보험

어린이보험은 자녀의 성장 과정 중 발생할 수 있는 질병 및 상해로 인한 의료비와 자녀의 일상생활 중 발생하는 배상책임 등을 보장하는 보험이다. 어린이를 대상으로 하기 때문에 보험대상자의 가입 연령도 0세부터 15세까지로 제한되어 있다. 태아도 만일에 발생할지 모를 위험에 대해서 특약을 통해 보장받을 수 있다. 태아에 대한 특약은 임신 22주 내에 가입하여야 한다. 일반적으로 남자아이가 여자아이보다 위험에 대한 노출이 높아 보험료가 더 비싸다. 만기는 30세 또는 100세 등으로 설정 가능하다.

## 자동차로 인한 사고를 보장하는 자동차보험과 운전자보험

자동차보험은 자동차를 사용하는 동안 발생한 사고에 대해 보상하는 보험으로, 자동차를 운전하게 되면 의무적으로 가입해야 하는 보험이다. 자동차사고로 인한 타인의 피해를 담보로 하는 보상과 자동차사고로 인한 피보험자의 피해를 보상하는 담보로 구분된다. 다만, 운전자가 교통사고 가해자가 되었을 때 발생하는 벌금과 법적 비용 등은 따로 보장해 주지 않는다. 따라서 그에 대한 대비를 위해서는 운전자보험을 활용해서 보완해야 할 필요성이 있다. 운전자보험은 일반적으로 보장 기간이 5년 이상에서 80세까지로 정해져 있다.

## 다른 사람의 신체나 재물에 손해를 끼쳤을 때를 대비할 수 있는 배상책임보험

배상책임보험은 일상생활이나 사회생활에 있어 타인의 신체나 재물에 손해를 끼침으로 인해 손해배상을 해야 하는 경우, 해당 사고를 보상하는 보험을 말한다. 보상의 범위는 광범위하다. 화재가 발생하여 옆 건물에 옮겨붙은 경우, 보험가입자가 친 골프공으로 인해 다른 사람이 다친 경우, 자녀가 친구 집에서 놀다가 TV를 넘어트려 고장 난 경우 등 다양하게 보장한다. 일반적으로 확률이 낮기 때문에 보험금대비 보험료가 저렴하다.

이처럼 보장성보험이라도 종류가 다양하다. 조기사망으로 인해 남겨진 가족을 위한 보험금이 필요하다면 종신보험 또는 정기보험을, 특정한 질병에 대한 위험을 대비한다면 암보험과 같은 질병보험을, 교통사고와 같은 상해에 대한 위험을 대비한다면 상해보험을, 유병장수의 위험을 대비한다면 간병보험을, 실제 발생한 병원비를 보상받기 원한다면 실손의료보험을, 화재를 대비한다면 화재보험을, 본의 아니게 남에게 피해를 입힐 것이 염려된다면 배상책임보험을, 자동차운전 사고에 대한 위험을 대비한다면 자동차보험과 운전자보험을, 자녀에 대한 위험을 대비한다면 어린이보험을, 여행을 떠날 예정이라면 여행자보험을 통해 위험에 대비할 수 있다.

물론 위의 모든 보험이 모두 필요한 것은 아니다. 본인의 일상과 주로 관련된 요인들과 가족력이 있는지 여부, 본인에게 당장 무슨 일이 생기거나 병으로 인해 일을 그만두어야 될 때 생계에 지장이 발생할 수 있는지 등을 종합적으로 판단하고 결정해야 한다. 그리고 똑같은 보험이라도 판매하는 회사에 따라 상품 조건이 모두 다르므로 본인에게 맞는 보험상품을 알아보고 비교한 후에 가입하는 것이 중요하다.

### 알아 두면 쓸 데 있는 보험 상식

#### ☑ 암에 걸리면 의료비가 많이 지출될 수 있으니 암보험을 추가로 들어야 한다?

암보험 가입할 때 의료비를 준비하기 위한 목적으로 가입하는 것은 엄밀히 따지면 맞지 않을 수 있다. 현재 건강보험에서는 암환자로 등록이 되면 5년간 95% 비용을 지원한다. 그리고 환자가 부담하는 5%의 의료비에 상한선을 두어 소득에 따라 적게는 122만 원에서 많게는 522만 원 이상을 부담하지 못하게 하고 있다. 또 실손의료보험이 가입되어 있는 상황이라면 연간 1억 원 또는 5천만 원 한도 내에서 실제 발생한 의료비를 보상받을 수 있기 때문에 암으로 인해 발생하는 의료비의 부담은 상당부분 완화된다. 즉, 실손의료보험 하나만 있으면 웬만한 암에 대한 의료비는 크게 걱정하지 않아도 되는 것이다.

그렇다면 왜 추가로 암 보험을 가입하는 것일까? 암 치료를 위한 의료비의 목적보다는 소득 단절에 따른 생활비의 보상 목적 때문이다. 암에 걸렸을 때 정말 문제가 되는 것은 직장을 그만두어야 한다거나 사업을 중단해야 한다는 것이다. 의료비는 문제가 안되지만 일을 쉼으로 인해 수입이 중단되기 때문에 그 기간 동안의 생활비가 필요한 것이다. 즉, 추가적인 암보험의 가입은 소득의 중단에 따른 생활비 마련이 주 목적이 되는 것이다.

실제 암환자의 80%가 실직을 하는 상황이라고 하니 의료비보다는 향후 수입절벽을 대비하는 차원에서 보험을 고려하는 것이 더 옳은 방향이다. 암뿐만 아니라 중대한 질병에 대해서도 어느 정도 실손의료보험으로 의료비를 충당할수 있음을 인식하고, 치료를 위해 일을 쉬게 되는 소득 단절 기간 동안에 필요한 **생활비**를 추가적인 질병보험 등을 통해서 보장받는다고 보면 되겠다.

Level 1

## 5 보험의 계약관계자는 다양하다

보험상품의 계약관계자는 일반금융상품보다 다양하다. 일반적인 금융상품의 경우 해당 금융상품을 가입하는 자와 금융회사만 있지만, 보험상품의 계약관계자는 보험계약자·피보험자·보험수익자·보험회사 이렇게 4가지가 있다. 이렇게 보험계약관계자 다수가 존재하기 때문에 이러한 보험 계약관계자에 대해 잘 알아야 보험을 제대로 활용할 수 있다.

**보험상품의 계약관계자**

보험계약자
보험료 납입
계약 동의
수익자 지정
건강진단
고지의무
보험회사
보험료 지급
피보험자
지정 동의
보험수익자

Level 1 보험 가입 전 알아야 할 필수 기본지식

## 보험의 대상이 되는 피보험자

피보험자는 보험의 대상이 되는 자이다. 피보험자의 상태를 기준으로 사망·질병·상해·생존 보험금 등을 지급하기 때문에 보험회사 입장에서 피보험자는 매우 중요하다. 그래서 피보험자를 대상으로 건강검진 등을 해서 피보험자에 대한 정확한 정보를 얻으려 한다. 피보험자 또한 보험회사에 직업·취미·과거병력·수술여부 등의 주요한 사항들을 알려야 할 의무가 있다. 만약 이러한 사항을 알리지 않고 가입한 후 해당 사유로 인해 보험금을 받을 사유가 된다면 보험회사는 보험금을 지급하지 않아도 된다. 보험계약자와 보험수익자는 언제든 변경이 가능하다. 하지만 피보험자는 상품자체에서 예외를 허용하지 않는 한 변경할 수 없다.

## 계약의 권리를 가지고 있는 보험계약자

보험계약자는 보험계약을 체결하고 보험료를 납입하는 자이다. 보험계약자는 다른 사람으로 변경 가능하다. 만약 보험계약자와 피보험자가 다르다면, 피보험자에게 해당 보험계약의 체결 및 변경을 위한 동의를 얻어야만 한다.

## 보험금을 수령할 권리를 가지고 있는 보험수익자

보험수익자는 보험사고가 발생할 경우 보험금을 받을 수 있는 권리가 있는 자이다. 보험사고란, 연금개시·사망·질병·상해 등의 보험금지급

사유가 되는 사건을 말한다. 보험수익자는 한 명이 아닌 다수의 사람으로 정할 수도 있으며, 보험사고의 항목별로 수익자를 지정할 수도 있다. 그래서 만기 수익자·상해 수익자·사망 수익자 등의 다양한 형태의 수익자가 존재한다. 또 보험계약을 유지하는 기간 동안에 수익자도 자유롭게 변경이 가능하다. 다만, 피보험자와 보험수익자가 다르다면, 피보험자의 상태에 따라 보험금의 지급 여부가 결정되기 때문에 필수적으로 피보험자의 동의를 얻어야 한다.

이렇게 보험상품은 계약관계자가 다양하기 때문에 관계자 구성을 통해 상속과 증여를 위한 계획을 세우기도 하고 예상치 못한 사건이 발생했을 때를 대비하기도 한다. 따라서 보험가입 전 계약관계자에 대한 내용을 알아 두고 활용할 필요가 있다.

Level 1

## 6  실제 나이와 보험 나이는 다르다

보험료 산정 시 참고해야 할 자료 중 하나가 나이(연령)이다. 나이마다 책정된 보험요율이 모두 다르기 때문이다. 그래서 보험가입 시 보험의 대상이 되는 피보험자의 나이가 보험료 산정에 크게 영향을 미치게 된다. 보험에서 적용하는 나이는 보험 나이인데, 우리가 생각하는 실제 나이 또는 만 나이와 다르다. 지금부터 보험 나이가 우리가 가입하는 보험에 어떤 영향을 미치는지 알아보도록 하자.

### 실제 나이 vs 보험 나이

보험회사에서 적용하는 나이는 일반적인 나이 계산법과는 다르다. '보험상령일'이라고 불리는 보험 나이는 일반 나이와 달리 한 해가 지났다고 해서 무조건 나이가 올라가는 것이 아니라, 생년월일 기준으로 전후 6개월을 1년으로 계산하여 보험 나이를 계산한다.

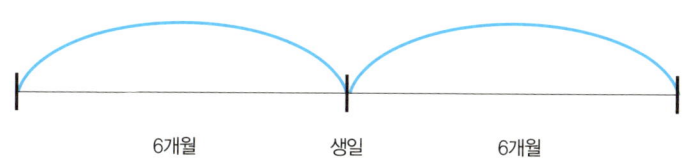

### 보험 나이 관련 약관 내용

#### 제22조 (보험 나이 등)

1. 이 약관에서의 피보험자의 나이는 보험 나이를 기준으로 합니다. 다만, 제20조(계약의 무효) 제2호의 경우에는 실제 만 나이를 적용합니다.
2. 제1항의 보험 나이는 계약일 현재 피보험자의 실제 만 나이를 기준으로 6개월 미만의 끝수는 버리고 6개월 이상의 끝수는 1년으로 하여 계산하며, 이후 매년 계약 해당일에 나이가 증가하는 것으로 합니다.
3. 피보험자의 나이 또는 성별에 관한 기재사항이 사실과 다른 경우에는 정정된 나이 또는 성별에 해당하는 보험금 및 보험료로 변경합니다.

### 보험 나이 계산 예시

- 생년월일 : 1988년 10월 2일
- 계약일 : 2015년 4월 14일
→ 보험 나이 계산 : 2016년 4월 14일 − 1988년 10월 2일
　　　　　　　　= 26년 6월 12일
　　　　　　　　= 보험 나이 27세

출처: K생명 보험약관

쉽게 설명하면, 태어난 날로부터 6개월 후는 보험 나이로 1세, 그 이전은 0세이다. 예를 들면, 홍길동 씨의 생년월일은 1975년 9월 4일이다. 2019년 8월 기준 실제 나이는 45세이며, 만으로 했을 경우 43세이다. 하지만 보험 나이는 44세 인 것이다. 보험 나이로 45세가 되려면 내년 3월 4일이 되어야 한다.

이렇게 산정된 보험 나이에 따라 보험상품에 적용되는 보험요율이 다르게 책정되기 때문에 납입해야 하는 보험료가 달라질 수 있다. 그래서 위험보험료 비중이 큰 보장성보험의 경우에는 보험 나이 1살의 차이가 5% 이상의 보험료 차이를 만들어 내기도 한다. 물론, 위험보험료 비중이 낮은 저축성보험은 큰 차이가 없다.

그러므로 보장성 보험을 가입할 때는 이왕이면 보험 나이가 올라가기 전에 가입하는 것이 보험가입자에게 보다 더 유리할 가능성이 높다. 그리고 해가 바뀌어 나이를 먹으면 보험료가 상승하는 것이 아니라 보험 나이를 먹으면 보험료가 상승하는 것임을 꼭 알아 두자.

### 내 보험 CHECK POINT

- 질병보험이나 종신보험을 가입할 때는 보험 나이가 올라가기 전에 가입하는 것이 더 유리할 수 있다.
- 갱신형보험 가입 시 보험료는 해당 보험 나이의 위험률과 관련이 있어 65세 이후부터는 위험률이 급격히 높아져 보험료가 급격히 상승할 수 있다. 만약 장기유지를 고려한다면 비갱신형으로, 단기적인 보장만을 고려한다면 갱신형으로 가입하는 것이 유리할 수 있다.

Level 1

## 7 같은 보험도 판매하는 곳에 따라 혜택이 다르다

보험상품을 가입할 수 있는 곳은 다양하다. 화장품 하나를 구매하더라도 방문판매원을 통해서 구매할 수도 있고, 해당 매장에 가서 구매할 수도 있다. 마트에 가서 구매할 수도 있고, 온라인으로 직접 구매할 수도 있다. 이처럼 동일한 회사에서 만든 상품이라도 구매할 수 있는 곳은 다양하다.

보험상품도 마찬가지다. 동일한 보험회사의 상품을 보험회사에 소속된 설계사를 통해 가입할 수도 있고, 온라인을 통해서 다이렉트보험으로 가입할 수도 있다. 은행과 증권회사를 통해서 방카슈랑스로 가입할 수도 있고, 전화를 통해 텔레마케팅 전용상품으로 가입할 수도 있다. 또 홈쇼핑을 통해 가입할 수도 있으며, 모바일 전용상품으로도 가입할 수 있다. 이처럼 판매 경로는 다양하지만, 판매하는 곳에 따라 차이점이 존재한다.

## 보장 내용이 같다면 차이가 나는 것은 사업비다

동일한 보험을 가입하더라도 어디에서 보험을 가입하느냐에 따라 보험 가입자에게 부과하는 사업비는 다르다. 보험료를 산출할 때 예정이율과 예정위험률, 예정사업비 등을 적용하는데, 이 예정사업비가 설계사 채널·방카슈랑스 채널·온라인 채널 모두 다르기 때문이다.

당연히 온라인으로 판매되는 보험이 판매수수료나 기타 비용들이 가장 저렴한 편이다. 따라서 동일한 조건이라면 온라인에서 판매하는 보험의 보험료가 가장 저렴할 수 있고, 설계사채널에서 판매하는 보험은 설계사의 수당 등이 포함되어 있기 때문에 보험료가 상대적으로 비싸다고 할 수 있다. 그리고 은행 또는 증권사에서 판매하는 보험인 방카슈랑스는 온라인과 설계사 채널의 사이에 있다고 볼 수 있겠다. 물론 온라인보험보다 방카슈랑스가 더 저렴한 경우도 있고, 설계사가 판매하는 보험상품 중 방카슈랑스와 비용을 동일하게 한 상품도 존재하기 때문에 여러 가지 비교를 한 후에 가입할 필요가 있다.

각 상품의 비용 및 특징들은 온라인 보험슈퍼마켓 '보험다모아' 사이트(https://e-insmarket.or.kr)나 각 보험협회 공시된 자료를 통해 손쉽게 비교해 볼 수 있다.

**판매채널별 판매수수료 차이**

| 구분 | | 2014년 | 2015년 | 2016년 | 2017년 이후 |
|---|---|---|---|---|---|
| 방카슈랑스 및 온라인계약 계약체결비용 (설계사채널 대비) | | 70% | 60% | 50% | 50% |
| 저축성보험 계약체결비용 분급 | 설계사채널 | 30% | 40% | 50% | 50% |
| | 방카슈랑스 | 30% | 60% | 70% | 70% |
| | 온라인 | 30% | 80% | 100% | 100% |

출처 : 금융위원회, 2013

## 판매하는 곳마다 장·단점이 존재한다

보험상품을 판매하는 곳은 다양하지만, 특정 상품만 판매하거나 판매할 수 있는 상품 종류가 제한적인 경우가 있다. 그러므로 나에게 맞는 상품을 어디서 가입할지는 보험상품 유형에 따라 고려해 볼 필요가 있다.

암보험과 같은 질병보험이나 의료비를 보장하는 실손의료보험, 종신토록 위험을 보장하는 종신보험과 같은 보장성보험은 장기간 유지가 필요한 상품이다. 그리고 보험을 유지하는 동안 보험금 청구와 같은 상담이 필요할 때가 있다. 보험에서 보장하는 내용을 제대로 알지 못하면 보험금을 받을 수 있는 상황에도 보험금을 청구하지 못해서 보험금을 못 받게 될 수도 있기 때문이다. 이러한 경우를 대비한다면 장기간 보험을 관리해 줄 수 있는 보험회사의 설계사를 통해서 가입하는 것이 좋을 수 있다.

저축성보험은 위험의 보장 목적이 아닌 재산의 증식을 목적으로 가입한다. 그래서 타 금융상품과 함께 관리를 받아야 하는 금융자산에 속한다. 따라서 종합적인 금융자산을 관리할 수 있는 은행이나 증권회사를 통해 가입하여 다른 자산과 함께 종합적인 관리를 받는 것이 좋을 수 있다. 보험회사 외의 금융기관에서 판매하는 보험을 방카슈랑스라고 하는데, 은행에서 판매하는 방카슈랑스와 증권회사에서 판매하는 방카슈랑스는 동일한 보험회사의 상품일 경우 모두 동일하다. 방카슈랑스는 동일한 상품을 판매 회사별로 상품 조건의 차이를 둘 수 없기 때문이다. 저축은행의 방카슈랑스도 마찬가지다. 차이가 있다면, 방카슈랑스는 제휴된 보험회사의 보험상품만 판매가 가능하기 때문에, 은행 또는 증권회사의 보험회사 제휴 유무에 따라 판매하는 상품에 차이가 있을 수 있다. 예를 들어, A은행이 C보험회사와 제휴되어 있는데, B증권회사는 C보험회사와 제휴되어 있지 않다면, C보험회사의 상품은 B증권회사에서는 가입할 수 없고 A은행에서 가입할 수 있는 것이다. 만약 본인이 보험상품을 많이 알고 있고 제대로 활용할 수 있다면, 굳이 설계사나 방카슈랑스를 통해 가입할 필요가 없다. 온라인전용 상품으로 비용이 낮은 상품에 가입하는 것이 더 좋을 수 있다. 다만, 온라인으로 가입할 수 있는 보험상품은 다소 제한적이다.

이처럼 보험상품은 판매 채널별로 비용 차이가 존재하지만, 각 채널마다 비용을 상쇄할 수 있는 장·단점이 존재하기 때문에 비용뿐만 아니라 가입 후의 사후관리 등을 감안해서 가입할 필요가 있겠다.

## 알아 두면 쓸 데 있는 보험 상식

### ☑ 온라인으로 검색해서 가입했는데 온라인보험이 아니었다?

온라인으로 보험을 가입하기 위해 인터넷검색을 하면 여러 가지 보험 비교 사이트가 조회된다. 그런데 막상 해당 홈페이지에 접속해서 확인해 보면 시중의 모든 상품이 조회되지 않고 제한된 상품만 조회된다. 게다가 상품 비교 후 막상 가입하려고 하면 바로 가입이 되지 않고 연락처를 남겨야 하는데, 추후에 보험설계사가 직접 찾아와 구체적인 상담을 진행한 후에야 해당 보험상품에 가입할 수 있다. 그렇다면 이런 경우엔 온라인 전용보험으로 가입한 것일까?

전혀 그렇지 않다. 온라인보험은 말 그대로 온라인으로 바로 가입해야 온라인 보험이다. 온라인으로 검색하고 상담을 했지만, 보험설계사를 대면해서 가입한 것은 온라인채널의 보험보다 비용이 높은 설계사채널의 보험으로 가입한 것이다. 쉽게 말해 온라인광고를 보고 보험설계사에게 보험상품을 가입한 것과 같다. 온라인전용 보험상품에 가입할 경우엔 '보험다모아' 사이트를 통해 보험료와 조건 등을 비교한 후, 해당 보험회사 홈페이지에서 바로 가입하는 것이 좋다.

## Level 1

### 8. 사망 종류에 따라 보험료가 다르다

보험은 보험사고의 종류에 따라 지급하는 보험금과 납입하는 보험료가 다르게 책정된다. 사망도 마찬가지다. 어떤 종류에 사망인지에 따라 보험금과 보험료의 차이가 발생하는 것이다. 그러므로 사망보험금의 종류를 알아야 보험금 또한 제대로 청구할 수 있으며, 내가 가입한 보험을 제대로 활용할 수 있다.

#### 생명보험의 사망보험금과 손해보험의 사망보험금 지급 기준은 다르다

생명보험상품은 일반사망과 재해사망으로 분류하여 위험보험료를 책정하고 그에 합당한 보험금을 지급한다. 손해보험상품은 질병사망과 상해사망으로 분류하여 위험보험료를 책정하고 그에 합당한 보험금을 지급한다.

생명보험의 일반사망은 사유를 불문하고 보험사고 발생 시 보험금을 지급한다. 그래서 보험료가 다른 사망 보장항목에 비해 상대적으로 높다. 재해사망은 재해로 분류되는 보험사고 발생 시 재해사망보험금을 지급한다. 발생확률이 일반사망보다 낮으므로 보험료가 상대적으로 낮다. 재해사망에 대한 사유에 해당하면 재해사망보험금도 수령하고 일반사망보험금도 수령할 수 있다.

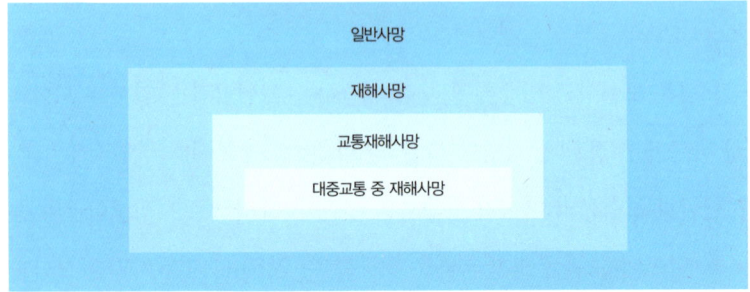

확률적으로 일반사망이 가장 높고 그다음으로 재해사망, 교통재해사망, 대중교통 이용 중 재해사망 순이다. 즉, 확률이 가장 낮은 대중교통 중 재해사망은 상대적으로 보험료도 가장 적고 보험금이 많다.

손해보험은 질병사망과 상해사망으로 구분하여 보험금을 지급한다. 두 가지가 서로 다른 사망 사유이므로 재해사고 발생 시 생명보험처럼 일반사망보험금과 재해사망보험금을 중복해서 지급할 수 없고 질병사망보험금 또는 상해사망보험금 중 하나만 지급할 수 있다. 질병사망으로 사망하는 확률이 약 85% 수준이고 상해사망으로 사망하는 확률이 약

15% 수준이다. 그래서 질병사망에 대한 위험 보험료가 상해사망에 대한 위험보험료보다 더 높다. 손해보험은 보험만기가 있어 질병사망에 대해서는 일반적으로 최대 90세까지 보장하고 상해사망은 최대 110세까지 보장한다.

**손해보험 사망 종류**

| 질병사망 | 상해사망 |
|---|---|

**사망확률**

일반사망(100%) > 질병사망 > 재해사망 > 상해사망

생명보험의 재해사망은 손해보험의 상해사망과 비슷하다. 손해보험의 상해사망 사유와 생명보험의 재해사망 사유가 비슷하기 때문이다. 다만, 생명보험의 재해사망은 상해사망의 사유에 포함되지 않는 천재지변이나 전염병, 고의성이 없는 자살 등도 포함되기 때문에 상해사망보다는 범위가 더 넓다고 할 수 있다. 만약 생명보험의 일반사망에 1억 원을 보장하는 보험상품과 손해보험의 질병사망 1억 원과 상해사망 1억 원을 보장하는 보험상품을 가입했다면 서로 같은 조건인 것일까? 엄밀히 따지면 같지 않다. 질병 또는 상해로 대부분 사망하지만 손해보험은 보험만기가 있어서 보험만기를 넘어 더 오래 살게 되면 더 이상 보장받지 못한다. 그리고 천재지변과 같은 사고로 인한 사망은 생명보험은 보상받을 수 있지만 손해보험은 보상받지 못할 수도 있다. 물론 그만큼 생명보험보다 보험료는 저렴할 수 있다.

생명보험의 주 계약인 일반사망은 사망의 원인을 따지지 않고 보험금을 지급한다. 자살을 하더라도 보장 개시일로부터 2년 경과 후 일어났다면 다른 조건 없이 보험금을 지급한다. 재해로 인정된 사고는 재해사망보험금과 일반사망보험금을 모두 지급하지만, 재해로 인정되지 않는 사고는 일반사망보험금만 지급한다.

손해보험의 질병사망에는 만기가 있다. 상해사망도 마찬가지로 만기가 있다. 앞서 언급하였듯이 질병사망은 최대 90세, 상해사망은 최대 110세까지 설정이 가능하다. 손해보험회사에서 상해사망에 대해 110세까지 보장하는 이유는 나이가 들면 질병사망에 대한 위험은 급격히 상승하지만 상해사망은 위험률에 큰 차이가 나지 않기 때문이다. 나이가 들면 외출하는 시간도 줄어들 수밖에 없고 위험한 취미생활을 할 가능성도 더 줄어든다. 그래서 상해사망의 경우엔 보험회사 입장에서는 보장 기간이 길어도 큰 부담이 없고, 그만큼 보험료도 낮아 보험가입자 입장에서도 부담이 덜하다. 간혹 상해사망보험금이 5억 원으로 정해져 있는 것을 보고 '난 사망하면 5억 원이 나온다'고 생각하는 경우가 있다. 하지만 질병사망의 경우 상해사망이 아니기 때문에 해당 보험금이 지급되지 않는다.

이처럼 생명보험의 일반사망과 재해사망, 손해보험의 질병사망과 상해사망은 차이가 있다. 그리고 각 사망보장에 책정되는 보험금과 보험료가 다름을 알아 두자.

## 알아 두면 쓸 데 있는 보험 상식

### ☑ 교통재해사망보험금은 꼭 직접적인 교통사고로 인한 사망만 인정하여 보험금을 지급하는 것일까?

고령의 노인이 교통사고를 당해 여러 차례 수술을 받게 되었다.

살기 위해서 지속적인 치료를 받아 가며 노력했다. 하지만 그 과정이 너무 고통스러워 우울증을 겪게 되었고 결국 스스로 목숨을 끊고 말았다. 유가족들은 보험회사에게 교통사고로 인하여 죽음으로 이어졌기 때문에 교통사고사망에 해당하는 보험금을 청구하였다. 하지만 보험회사는 교통사고와 직접적인 관련이 없다며 교통재해사망보험금 지급을 거절하고 일반사망보험금만 지급하게 된다.

여러 다툼 끝에 결국 법정 소송으로 이어지게 되는데, 법원은 '고인이 교통사고로 상해를 입고 심한 육체적 고통을 겪었으며 장기간 치료에도 불구하고 더 이상 후유증의 회복을 기대할 수 없는 상황에 놓이게 되자 상당한 정신적 고통을 받아 자살이라는 극단적 선택을 했다.'라고 언급하며 "교통사고와 자살 사이의 인과관계가 인정된다."라는 판정을 내렸다. 결국 보험회사는 일반사망보험금과 추가로 교통재해사망보험금을 유가족들에게 지급해야 했다.

Level 1

## 9 해약을 하지 않을 거라면 이 보험을!

　보험을 가입할 때 처음부터 해약을 생각하고 가입하는 사람은 거의 없다. 보험을 중도에 해약하면 보험으로 인한 혜택은커녕 대부분 손실을 볼 수 있기 때문이다. 그래서 보험은 가입 후 해약하지 않는 것이 좋다.
　현재 시중에는 보장금액은 동일하되 해약하지 않는 조건으로 일반보험보다 보험료가 저렴한 저해지환급형 보험과 무해지환급형 보험이 출시되어 판매되고 있다. 해당 상품은 해약하지 않는 조건으로 보험료를 할인해 주는 대신 보험료를 납입하는 기간 내에 해약 시에는 해약환급금이 없거나 일반보험보다 환급률이 낮을 수 있다.

### 보험료가 할인되는 저·무해지환급형 보장성보험

　저·무해지환급형 보장성보험의 가장 큰 장점은 일반적인 보장성보험보다 보험료가 약 20% 저렴하다는 것이다. 보험상품은 향후 예상되는 금리·위험률·발생비용 등을 기반으로 만들어진 보험요율이 적용되어 상품이 개발된다. 저·무해지환급형 보장성보험은 일반적인 보장성보험과 달리 향후 발생할 해지율을 추가로 반영하여 보험료를 낮춘 것이다. 그래서 일정 기간 이상 보험계약을 유지한 보험가입자에게는 일정 금액의 적립금을 해당 보험상품에 적립해 주거나, 처음부터 보험료를 할인해 주는 것이다.

저·무해지환급형 보장성보험과 일반적인 보장성보험의 환급률을 비교하면, 보험료 납입완료 전까지는 저·무해지환급형 보장성보험이 해약환급률이 낮고, 납입이 완료된 이후부터는 해약환급률이 더 높아진다. 즉, 저·무해지환급형 보장성보험의 단점은 납입기간 내에 중도 해약 시 일반적인 보장성보험보다 적게 돌려받는다는 것이다. 보험을 가입한 후 해지한 가입자의 손해가 보험을 유지하고 있는 가입자에게 이익으로 돌아간다는 개념으로 봐도 된다.

**일반 보장성보험과 저·무해지환급형 보장성보험 환급률 비교**

| 경과기간 | 순수보장형 | | | 해지환급금이 없는 유형 | | | 환급률 |
|---|---|---|---|---|---|---|---|
| | 납입보험료 | 해지환급금 | 환급률(%) | 납입보험료 | 해지환급금 | 환급률(%) | 차이 |
| 1년 | 1,267 | 259 | 20.40% | 929 | 0 | 0.00% | −20.40% |
| 2년 | 3,802 | 2,651 | 69.70% | 2,786 | 0 | 0.00% | −69.70% |
| 3년 | 6,336 | 5,161 | 81.40% | 4,644 | 0 | 0.00% | −81.40% |
| 10년 | 12,672 | 11,594 | 91.50% | 9,288 | 0 | 0.00% | −91.50% |
| 20년 | 25,344 | 26,646 | 105.10% | 18,576 | 26,646 | 143.40% | 39.30% |
| 40년 | 25,344 | 42,396 | 167.30% | 18,576 | 42,396 | 228.20% | 60.90% |

[비교기준:M생명치매보장보험(무),남자40세, 20년납, 100세만기,가입금액6천만원)]

그러므로 납입기간 내에 보험을 중도 해약하는 보험가입자들에게는 저·무해지환급형 보장성보험이 불리할 수 있다.

최근 저·무해지환급형보험의 장점이 많이 부각되어 판매량이 급격히 상승하고 있는 추세다. 많은 판매에는 불완전판매에 대한 가능성도 뒤따르기 때문에 이에 대한 우려도 심화되고 있는 상황이다. 그래서 최근 금융감독원에서는 최근 저·무해지환급형 보험 가입 시 유의해야 할 사항에 대해 안내하였다.

### 해지환급금이 적거나 없는 보험상품 가입 시 유의사항

① 보험료 납입기간 중 보험계약 해지시 해지환급금이 없거나 일반 보험상품보다 적을 수 있습니다.
② 해지환급금이 없거나 적은 보험상품은 주로 보장성보험이므로 저축 목적으로 가입하려는 경우 가입 목적에 적합하지 않습니다.
③ 상품안내장 등에 일반 보험상품과 해지환급금을 비교·안내하고 있으니, 관련 자료를 꼼꼼히 살펴볼 필요가 있습니다.

출처: 금융감독원

## 알아 두면 쓸 데 있는 보험 상식

☑ **축구에서 패배한 충격을 보상하는 보험이 있다?**

영국에는 월드컵에서 영국이 축구에서 패배할 경우 팬들에게 그 충격을 보상하는 보험이 있다. 월 19만 원 수준의 보험료가 책정되어 있고, 지급 사유가 발생하면 최대 1억 8천만 원 정도가 지급된다고 한다.

다만, 정신적 피해에 대해서만 보상을 하고, 월드컵에서 패배로 인해 정신적 충격을 받았음을 의학적으로 증명해야 한다.

Level 1

## 10. 보장성보험의 보험료는 최대한 낮춰서 길게 납입하자

보험을 가입할 때 보험료를 낮춰 오랜 기간 납입하는 것이 유리할까? 반대로 보험료를 높여 단기에 납입을 완료하는 것이 유리할까?

이는 보장성보험인지 저축성보험인지에 따라 납입 방법을 달리해야 할 필요성이 있다. 결론부터 말하자면, 보장성보험은 보험료를 낮춰 오랜 기간 납입하는 것이 보다 더 유리할 수 있고, 저축성보험은 보험료를 높여 단기에 납입을 완료하는 것이 보다 더 유리할 수 있다.

보장성보험의 경우 보험료를 낮춰 오랜 기간 납입하는 것이 유리한데, 그만한 이유가 있다.

### 보험료를 납입하지 않아도 되는 납입면제 특약이 존재한다

보험에 가입한 후 질병에 걸리거나 장해율이 일정 수준 이상이 되면 더 이상 보험가입자가 보험료를 납입하지 않아도 된다. 보험가입자를 대신하여 보험회사가 보험료를 납입해 주는 납입면제 특약이 존재하기 때문이다. 보험사고를 당하지 않으면 좋겠지만, 납입해야 할 보험료를 모두 납입하고 보험사고를 당하게 된다면 단순히 보험금을 받는 것으로 종료된다. 하지만 납입을 하는 시기에 보험사고를 당하게 되었다면 보험금을 수령함과 동시에 향후에 납입해야 할 보험료도 납입하지 않아도 된다. 따라서 적은 보험료를 납입하면서 상대적으로 많은 보험금을 받을 수 있게 되는 것이다. 물론 해당 보험에 납입면제 특약이 있어야 하며, 해당 요건에 충족되어야 한다.

<납입면제특약 예시>

보험료 납입 기간에 피보험자가 장해분류표 중 동일한 재해 또는 재해 이외의 동일한 원인으로 여러 신체 부위의 장해지급률을 더하여 50% 이상인 장해 상태가 되었을 때, 차회 이후의 기본보험료는 납입 면제된다.

## 본인에게 맞는 납입기간을 설정하자

납입 기간을 길게 정하는 것이 무조건 좋은 것은 아니다. 본인이 은퇴하는 시점을 고려하지 않고 무작정 보험료 납입기간을 설정한다면 은퇴 후 소득이 없을 때에도 보험료를 납입해야 하는 상황이 발생할 수 있다. 소득이 없을 때 납입해야 하는 보험료는 큰 부담이다. 그 부담으로 인해 가장 보험이 필요할 때 중도에 해약하는 상황이 발생할 수 있다. 그러므로 무작정 보험료 납입 기간을 장기간으로 설정하는 것은 좋은 방법이 아니다. 보험료 납입 기간을 적정하게 설정하여 미래에 보험료를 납입하지 못해 보험계약이 실효되거나, 중도에 해약하여 보장을 받을 수 없는 불상사가 없어야 한다.

## 환급형 보험의 보험료 납입면제기능은 복불복이 될 수 있다

많은 보험가입자들이 보험상품을 가입한 후 만기가 되면 납입한 보험료를 되돌려받고 싶어 한다. 그래서 과거에는 납입한 보험료가 모두 소멸되는 순수보장성보험보다 만기에 일정 금액이 환급되는 만기환급형보험이 많이 판매되었다. 하지만 만기환급형보험의 경우, 만기에 일정 금액을 되돌려주기 위해 별도로 저축보험료를 받는다. 문제는 납입되는 저축보험료에도 사업비를 부과하기 때문에 보험회사가 추가적인 이득을 보는 경우가 많다는 것이다. 그래서 가급적 순수보장형으로 가입하여 보험료를 절약하고, 절약한 자금으로 금융기관에 저축하거나 투자하는 방법이 보다 현명할 수 있다.

만기환급형이 순수보장형보다 유리한 경우도 있다. 보험사고가 발생하여 납입 면제 수준의 장해를 입게 되면, 더 이상 보험료를 납입하지 않아도 된다. 보험회사에서 보험료를 대신 납입해 주기 때문이다. 만기환급금도 보험가입자가 모두 납입한 것으로 가정하여 만기에 되돌려준다. 보험금은 보험금대로, 만기환급금은 환급금대로 받을 수 있기 때문에 보험가입자에게 많은 이득을 준다. 다만, 해당 보험상품에 납입면제 특약이 있어야 이러한 혜택을 볼 수 있다.

이처럼 보험가입자에게 아무 보험사고도 발생하지 않는다면 순수보장형이 유리할 수 있고, 보험사고가 발생한다면 만기환급형이 더 유리할 수 있다. 물론 사람 일은 어떻게 될지 모르기 때문에 정답은 없다. 하지만 한 가지 확실한 것은 이런 내용들을 알고 가입하는 것과 모르고 가입하는 것에는 큰 차이가 있다는 것이다. 그러므로 보험 가입 시 납입보험료와 납입기간 등을 신중하게 고려한 후 가입할 필요가 있겠다.

# 알아 두면 쓸 데 있는 보험 상식

## ☑ 주계약과 특약은 상호보완 관계이다?

주계약은 보험계약의 가장 기본이 되는 항목이다. 주계약이 해당 보험상품의 특징을 반영하고 있으며 임의로 제외하거나 추가할 수 없다. 즉, 주계약 없이 보험계약은 불가능하다.

특약은 '특별약관'의 줄임말로써, 무조건 가입해야 하는 의무부가 특약과 임의적으로 선택할 수 있는 선택 특약으로 나뉜다.

대부분 선택 특약으로 구성되어 있으며, 한 가지 보험상품에 100가지가 넘는 특약이 존재하기도 한다. 특약을 활용하면 주계약에서 부족한 보장을 특약을 통해서 보완할 수 있으며, 중간에 제외하거나 추가할 수도 있다. 특약에는 갱신형 특약이 있을 수 있으므로 특약을 추가할 때는 갱신 시기도 체크해 볼 필요성이 있다.

Level 1

## 11 내가 가입한 보험, 보험회사가 망한다면?

'보험회사가 망하진 않겠지? 만약 망하면 내가 가입한 보험은 어떻게 되는거지?'

누구나 보험을 가입할 때면 떠오르게 되는 질문일 것이다. 비단 보험뿐만이 아니다. 은행에 예·적금을 하더라도, 증권회사에서 금융상품을 가입하더라도 해당 금융기관이 파산하면 내 돈은 안전하게 지켜질 수 있는 것인지 궁금할 수밖에 없다. 아무리 높은 수익을 내도 돈을 맡긴 금융기관이 파산한다면 수익은커녕 원금도 제대로 돌려받지 못하는 상황이 발생하게 되기 때문이다. 그래서 크고 안전한 금융기관을 더 선호하게 된다. 만약 보험회사가 파산한다면, 내가 가입한 보험은 어떻게 되는 것일까? 그리고 보험 가입자를 보호하기 위한 안전장치에는 무엇이 있을까?

## 첫 번째 안전장치 : RBC비율

모든 금융기관은 재정건전성과 안전성 확보를 위해 법·규정에서 정한 일정한 기준을 충족해야만 한다. 물론 각 업권마다 적용하는 기준이 다르다. 은행의 경우엔 BIS(Bank for International Settlement)비율이라고 하는 국제결제은행이 제시하는 자기자본비율을 적용한다. 이는 위험자산에 대해 최소 8% 이상의 자기자본을 유지하여 위기상황에도 안정적으로 대처할 수 있도록 하는 제도이다. 증권회사의 경우엔 NCR(Net Capital Ratio)비율이라고 하는 영업용순자본비율을 적용한다. 이는 영업용순자본을 총 위험액으로 나눈 값으로써 은행의 BIS비율과 마찬가지로 증권회사의 재무건전성을 나타낸다.

그렇다면 보험회사는 어떤 기준을 적용하여 재정건전성과 안전성을 확보할 수 있을까?

바로 RBC(Risk Based Capital ratio)비율이라고 하는 지급여력비율을 적용한다. 이는 가용자본을 요구자본으로 나눈 비율인데 보험업법에서는 100% 이상 유지할 것을 규정하고 있다. 여기서 가용자본은 각종 위험으로 인해 발생할 수 있는 손실금액을 보전할 수 있는 자본을 말하며, 요구자본은 내재된 각종 위험이 현실화되었을 경우 손실금액을 말한다. 쉽게 말해, 보험회사가 가지고 있는 잠재 위험들이 모두 현실화되었을 때 보험회사가 손실을 모두 처리하고도 고객에게 보험금을 안정적으로 지급할 수 있는지 확인하는 수치라고 보면 되겠다. 이러한 RBC비율은 '19년 6월 말 기준 평균 282.4%로 양호한 수준이다. 이를 통해 보험회사의 부실화를 사전에 예방하여 보험가입자를 보호한다.

RBC비율은 금융감독원 파인 홈페이지(www.fine.fss.or.kr)에서 손쉽게 확인할 수 있다.

## 두 번째 안전장치: 계약이전제도

RBC비율규제를 통해 보험회사들의 부실화를 사전에 예방하고 있지만 대내외적인 이슈로 인해 갑작스럽게 재정상태가 악화되어 파산하게 될 수도 있다. 보험회사가 파산을 하게 되면 금융산업의 구조개선에 관한 법률에 의거해서 금융위원회에 의한 보험계약이전제도가 적용된다. 이는 보험회사가 파산하더라도 보험계약이 다른 보험회사에 그대로 이전되도록 조치하여 보험가입자들이 기존에 가입한 보험을 그대로 보존할 수 있도록 하는 것이다. 이러한 계약이전제도로 인해 지금까지 수많은 보험회사들이 파산하였지만 직접적인 피해를 본 보험가입자들은 없었다. 다만, 과거에 계약이전제도로 인해 단 한 명의 보험가입자들도 피해를 본 사례가 없었다고 해서 향후에도 그럴 것이라는 보장은 없음을 참고하자.

## 세 번째 안전장치: 예금자보호제도

보험상품도 은행의 예·적금처럼 예금자보호제도가 적용된다. 현재 예금자보호법에서는 보험회사 파산 시 보험계약자에게 5,000만 원 한도 내에서 예금보험공사에서 보험금을 지급하도록 규정하고 있다. 그래서 보험회사가 파산하는 상황이 발생한다면 예금자보호제도를 통해 일정수준의 보험가입금액은 지킬 수 있다. 다만, 예금자보호대상이 아닌 실적배당형 펀드와 같은 자산은 제외된다. 실적배당형 상품인 변액보험은 펀드로 투자되는데 펀드에 투입된 자산은 모두 사외예치되므로 해당보험회사가 파산하더라도 사외에 예치된 자산은 돌려받을 수 있기 때문이다. 물론 해당 투자자산에서 손실이 발생할 수는 있다.

이처럼 보험가입자들은 위의 세 가지 안전장치를 통해 보호받을 수 있음을 알아 두자.

### 알아 두면 쓸 데 있는 보험 상식

#### ☑ 과거 우리나라 보험회사가 파산했을 때는 어떻게 되었을까?

1990년대 후반 IMF 외환위기 당시 고금리·고환율·소비축소·투자축소·강도 높은 구조조정 등이 발생하였는데 보험회사도 예외는 아니었다. 그 당시 보험감독원(현재 금융감독원으로 통합)은 재무건전성이 부실한 보험회사에 대해 경영정상화 계획서 제출을 명령했으며, 제출된 계획서대로 이행하지 못한 보험회사들은 퇴출당하기에 이르렀다.

먼저 국제생명, BYC생명, 태양생명, 고려생명 4개의 보험회사가 퇴출되었고, 대한생명은 공적자금 3조 5,500억 원을 세 차례에 걸쳐 수혈받아 살아남게 되었다. 그리고 부실이 있는 보험회사들은 타 보험회사에 인수·합병되었는데 동아생명은 금호생명에, 태평양생명은 동양생명에, 한국생명과 조선생명이 현대그룹에, 영풍생명은 외국계 보험회사인 푸르덴셜에, 한일생명은 KB생명에, 대신생명은 녹십자생명에 팔렸다. 이후 SK생명은 미래에셋생명에, LIG생명은 우리아비바생명에 인수·합병되었다. 이 과정에서 보험가입자의 손실분담 없이 계약이전을 하게 되었고, 그 비용은 모두 공적자금으로 충당하였다. 그래서 보험회사가 파산했어도 이 과정에서 실제 보험가입자들이 직접적인 손해를 본 사례는 단 한 번도 없었다.

Level 2

보험,
제대로 알고
활용하기

## Level 2

# 1 보험 가입 시 받을 수 있는 절세혜택

보험을 가입하면 여러가지 세제혜택을 받을 수 있다. 금융소득 비과세 혜택뿐만 아니라 세액공제와 소득공제, 그리고 상속·증여세까지도 절세가 가능한 것이다. 보험 가입 시 받을 수 있는 절세혜택에는 어떤 것들이 있는지 알아보자.

 **저축성보험 보험차익 비과세**
 : 이자소득세 비과세 (요건 충족 시)

저축성보험 가입 시 발생하는 보험수익에 대해 비과세혜택을 적용받을 수 있다. 저축성보험에서 발생하는 보험차익은 이자소득으로 인정된다. 이자소득에는 15.4%(지방소득세 포함)가 부과되는데, 세법에서 정하는 비과세요건을 충족하면 보험차익에 대해 비과세혜택을 받을 수 있다.

## 저축성보험 비과세요건

| 일시납<br>(5년납 미만) | 월 적립식<br>(5년납 이상) | 종신형 연금 |
|---|---|---|
| **1억 원**<br>(기존: 2억 원) | **월 150만 원**<br>(기존: 금액제한 없음) | **금액제한<br>없음** |
| – 1인당 총 보험료<br>  1억 원 이하<br>– 일시납 또는 2·3년납<br>– 10년 이상 유지 | – 1인당 월평균보험료<br>  (연간 1,800만 원 이하<br>  에서 추가납입 가능)<br>– 월납 (5년납 이상)<br>– 선납기간 6개월 이내<br>– 10년 이상 유지 | – 만 55세 이후 연금개시<br>– 종신형 연금형태<br>– 계약자 = 피보험자<br>  = 수익자<br>– 보증지급기간<br>  = 기대여명이하 |

세법에서 정하는 비과세 요건은 크게 3가지다.

첫째, 일시납 보험으로 계약기간이 10년 이상이며, 1억 원 이하로 저축성보험을 가입했을 시 비과세혜택을 받을 수 있다.

둘째, 월 적립식 보험으로 계약기간이 10년 이상이며, 납입기간이 5년 이상이면서 월 150만 원이하로 저축성보험을 가입했을 시 비과세혜택을 받을 수 있다.

셋째, 종신형 연금보험으로 55세 이후 사망 시까지 종신형으로 연금을 받고 사망 시에 보험계약 및 연금재원이 소멸되는 조건으로 가입하면 비과세혜택을 받을 수 있다.

## 보장성보험 보험차익 비과세
: 이자소득세 비과세

보장성보험의 보험차익에 대해서도 비과세혜택을 받을 수 있다. 우리나라 세법은 열거주의 방식을 채택하고 있는데 보장성보험의 보험차익에 대해서는 과세항목에 열거하지 않고 있기 때문이다. 따라서 보장성보험의 보험차익은 비과세 된다. 다만, 보장성보험은 재산의 증식이 목적이 아닌 보장이 목적이므로 보험사고로 인한 보험금 수령이 아닌 중도해약 시 원금이 안될 가능성이 매우 높다. 그리고 보장성보험에서 저축성보험으로 전환하는 경우에 과세계약으로 전환될 수 있으니 유의해야 한다. 예를 들어, 보유하고 있는 보장성보험에 연금전환특약을 사용하면 보장성보험에서 저축성보험인 연금보험으로 전환되는데, 이때 세법에서 정하는 저축성보험 비과세요건을 따지게 된다.

참고로 저축성보험은 과세항목에 열거되어 있지만 별도의 비과세요건을 정하고 있어 요건을 충족하면 이자소득세 비과세가 적용되며, 충족하지 못하면 이자소득세가 과세된다.

## 연금저축보험의 세액공제
: 납입보험료의 최대 16.5%(지방소득세 포함)_ 연간 최대 400만원 한도

세제적격연금인 연금저축도 보험으로 가입할 수 있다. 세제적격연금이란, 연금 납입 시 세액공제혜택을 받고 연금수령 시에는 연금소득세를 납부하는 상품을 말한다. 종합소득금액 4천만 원 이하 또는 근로소득

총 5천5백만 원 이하의 경우 최대 400만 원까지 16.5%의 세액공제를 받을 수 있고, 기준소득을 초과할 경우 최대 300만 원까지 13.2%의 세액공제혜택을 받을 수 있다.

### 🔍 보장성보험의 세액공제
: 납입보험료의 13.2%(지방소득세 포함)_ 연간 100만 원 한도

우리가 대부분 가입하고 있는 보장성보험도 세액공제혜택을 받을 수 있다. 연간 최대 100만 원 한도 내에서 세액공제혜택을 받을 수 있으며, 근로소득자에 한해 적용받을 수 있다.

### 🔍 장애인전용 보장성보험의 세액공제
: 납입보험료의 16.5%(지방소득세 포함)_ 연간 100만 원 한도

기본공제대상자 중 장애인을 피보험자 또는 수익자로 지정하여 장애인 전용보험을 가입한 경우 연간 100만 원 한도 내에서 16.5% 세액공제혜택을 받을 수 있다. 위의 보장성보험과 별개로 각각 세액공제를 적용받을 수 있다. 다만, 기본공제대상자 중 장애인을 피보험자 또는 수익자로 지정하여 보험을 가입하였으나 해당보험이 장애인전용보험이 아니라면, 세액공제를 적용받을 수 없다. 그리고 일반보장성보험과 같이 근로소득자에 한해 세액공제 혜택을 적용받을 수 있다.

보장성보험 세액공제액

= [일반 보장성보험 납입보험료 (연 100만 원 한도)]×13.2%
+ [장애인 전용 보장성보험 납입보험료 (연 100만 원 한도)]×16.5%

단, 동일한 계약에 대해 중복적용 불가

## 4대 보험 보험료의 소득공제
: 납입보험료 전액 소득공제

개인이 부담하는 국민연금보험료·건강보험료·장기요양보험료·고용보험료는 소득이 있으면 의무적으로 납입을 해야만 하는 사회보험이다. 해당 납입금액은 전액 소득공제 혜택을 적용받을 수 있다.

### 요약

| 절세 항목 | 보험상품 | 적용요건 | 비고 |
| --- | --- | --- | --- |
| 금융소득 비과세 | 저축성보험 | 비과세요건 충족 시 (1억, 5년납 150만 원, 종신연금) | 보험차익 비과세 |
| | 보장성보험 | 보험사고로 인한 보험금 수령 시 | 보험차익 비과세 |
| 세액공제 소득공제 | 연금저축보험 | 연간 최대 400만 원 한도 (기준소득 초과 시 연 300만 원) | 최대 16.5% (소득초과 시 13.2%) |
| | 보장성보험 | 연간 100만 원 한도 | 13.2% |
| | 장애인전용 보장성보험 | 연간 100만 원 한도 | 16.5% |
| | 4대 보험 | 납입금액 전액 | 소득공제 |

이처럼 보험은 저축성보험에 한해서만 세금혜택이 있는 것이 아닌 연금저축보험, 보장성보험, 사회보험 등에도 세금혜택이 있음을 알아 두자. 참고로 개인이 아닌 법인의 경우에는 이와 같은 혜택에서 모두 제외된다.

### 알아 두면 쓸 데 있는 보험 상식

#### ☑ 연금저축을 보험으로 가입하면 저축성보험 비과세혜택도 받을 수 있을까?

세액공제 혜택이 있는 세제적격 연금보험과 비과세 혜택이 있는 세제비적격 연금보험은 서로 다른 세제혜택이 적용된다. 따라서 연금저축을 보험으로 가입했다고 해서 세액공제도 받고 비과세도 받을 순 없다.

#### ☑ 세액공제 혜택을 받은 보장성보험을 중도해지 시에는 세금 추징이 될까?

세제적격 연금저축을 해지할 경우 세액공제 받은 금액과 수익금에 대해 기타소득세 부과라는 패널티가 있다. 하지만 보장성보험에 대해서는 세액공제를 받았음에도 불구하고 해지할 경우 별도의 패널티가 없다.

#### ☑ 사망 시 지급하는 사망보험금에 대해서 발생하는 보험 차익에 대해 과세를 할까?

현행 세법상 사망보험금에 대해서는 보험차익에 대해 과세하지 않는다. 대부분의 보험상품은 사망 시 납입한 보험료보다 보험금이 더 크다. 하지만 그 차익에 대해 과세하지 않는다. 현행 세법상 과세 기준에 포함되지 않기 때문이다.

그래서 저축성보험에 비과세 요건을 충족하지 못했다 하더라도 상품을 유지하는 중에 보험대상자인 피보험자가 사망해서 사망보험금 형태로 지급된다면 보험 차익에 대해서 비과세 혜택을 받을 수 있다. 다만, 상속에 부과되는 세금과 금융소득에 부과되는 세금은 종류가 다르므로 상속인에게 지급된 보험금은 상속재산에 포함되어 상속세가 부과될 수 있다.

Level 2

## 2 보험으로 상속·증여세 낮추는 방법

앞서 살펴본 바와 같이 보험상품을 잘 활용하면 금융소득비과세 혜택 뿐만 아니라 세액공제 등의 세금혜택을 받을 수 있다. 이와 더불어 보험상품을 활용하여 상속과 증여를 하면 상속세와 증여세도 절세할 수 있다.

### 🔍 정기금 평가를 하면 상속세와 증여세가 줄어든다

보험상품의 연금기능을 활용하면 금융소득비과세 혜택과 더불어 정기금 평가를 통한 상속세와 증여세 절세도 가능하다. 정기금 평가란, 연금과 같이 미래에 받게 될 정기적이고 반복적인 금액을 세법에서 정하는 이자율로 할인 후 현재 가치로 평가하는 것을 말한다. 즉, 미래에 받을 자금을 일정이율로 할인하여 현재 가치로 환산하는 것이다. 이러한 정기금평가의 조건이 있다. 연금이 개시된 상태에서 상속 또는 증여가 이루어져야 하며, 중도 해약이 불가능한 종신형 연금으로 연금 개시를

해야 한다. 중도 해약이 가능한 상속형 연금 또는 확정형 연금은 정기금 평가가 인정되지 않는다.

정기금 평가를 적용해 주는 이유가 있다. 해지가 안되는 종신형 연금으로 상속 또는 증여가 이루어지면, 수증자는 일시금으로 받지 못하고 지속적으로 연금으로만 받아야 한다. 하지만 아직 내 손에 들어오지 않았지만 미래에 들어오게 될 연금을 모두 합산해서 지금 당장 세금을 납부해야 하기 때문에 수증자 입장에서는 불합리할 수 있다. 그래서 향후에 받을 자금을 할인해서 세금을 납부할 수 있게 해 주고 있다. 쉽게 말해, 아직 받지 못한 돈임에도 불구하고 지금 세금을 내야 하므로 세금을 깎아 주는 것이다.

2019년 9월 기준 정기금 평가에 적용되는 이자율은 연 3%이다. 이를 매년 수령할 연금에 정기금 평가를 적용하면 상속세 및 증여세를 약 15~30% 수준 절세할 수 있다. 일반적으로 피보험자의 기대여명 또는 종신연금의 최저 보증 기간까지 적용하여 평가한다. 그래서 나이가 어릴수록 그리고 일찍 가입할수록 정기금 평가로 인한 절세 효과는 크다고 할 수 있겠다. 다만, 현재의 공시이율 기준으로 향후에 연금수령액이 동일하다는 가정 하에 정기금 평가를 하기 때문에 향후에 금리가 하락한다면 실제 연금수령액이 감소하므로 절세 효과는 반감될 수 있음을 유의하자.

## 정기금 평가 예시

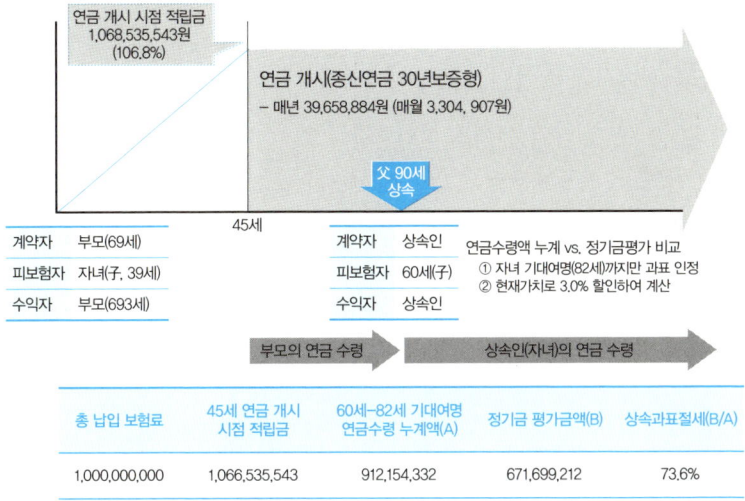

| 총 납입 보험료 | 45세 연금 개시 시점 적립금 | 60세-82세 기대여명 연금수령 누계액(A) | 정기금 평가금액(B) | 상속과표절세(B/A) |
|---|---|---|---|---|
| 1,000,000,000 | 1,066,535,543 | 912,154,332 | 671,699,212 | 73.6% |

### 상속세법 시행령 62조 (정기금을 받을 권리의 평가)

1. 유기정기금 : 잔존 기간에 각 연도에 받을 정기금액을 기준으로 다음 계산식에 따라 계산한 금액의 합계액. 다만, 1년분 정기금액의 20배를 초과할 수 없다.

   *각 연도에 받을 정기금액 / (1+보험회사의 평균공시이율 등을 감안하여 기획재정부령으로 정하는 이자율) n

2. 무기정기금 : 1년분 정기금액의 20배에 상당하는 금액

3. 종신정기금 : 정기금을 받을 권리가 있는 자의 「통계법」 제18조에 따라 통계청장이 승인하여 고시하는 통계표에 따른 성별·연령별 기대여명의 연수(소수점 이하는 버린다)까지의 기간 중 각 연도에 받을 정기금액을 기준으로 제1호의 계산식에 따라 계산한 금액의 합계액

   *이자율 : 보험회사의 평균공시이율 등을 감안하여 기획재정부령으로 정하는 이자율 (2017. 3.24 연 3.0%)

## 🔍 계약관계자에 따라 상속세와 증여세가 부과되지 않을 수 있다

보험계약자와 수익자가 다르다면, 사망으로 인하여 지급되는 보험금은 보험계약자의 자산이 보험수익자에게 이전되는 것으로 보아 상속재산에 포함된다. 만약 실제로 보험료를 납입한 자가 중간에 변경되어 일부만 보험료를 납부한 경우에는 총 납입한 보험료 중 각자 납입한 비율에 따라 보험금을 계산하여 상속재산에 포함시킨다.

### 세법 상 상속재산으로 보는 보험금

$$상속된\ 보험금 \times \frac{피상속인이\ 부담한\ 보험료\ 총액}{사망\ 시까지\ 납입된\ 보험료의\ 총액}$$

세법에서는 보험에 대해 상속세 및 증여세를 산정할 때 보험계약자를 기준으로 하지 않고 보험료를 실제 납입한 사람을 기준으로 계산한다. 즉, 보험계약자는 자녀이지만, 보험료를 납입한 사람이 부모라면, 부모의 보험계약이라고 보아 모두 상속재산에 포함되는 것이다. 만약 전체 보험료의 50%를 자녀가 납입했다면 보험금의 50%만 상속과표에 포함된다. 그리고 보험계약자가 부모로 되어 있더라도 실제로 보험료 납입을 자녀가 했다면 상속재산에 포함되지 않는다. 자녀 본인이 보험료를 내고 자녀 본인이 보험금을 받는 것이기 때문에 상속과는 상관이 없는 것이다.

⟨보험료 납입에 따른 상속세 과세 여부⟩

| 구분 | 계약자 | 피보험자 | 수익자 | 실제 보험료 | 상속세 과세 |
|---|---|---|---|---|---|
| 1 | 부 | 부 | 본인 | 부 | 과세 |
| 2 | 부 | 부 | 본인 | 본인 | 과세 X |
| 3 | 본인 | 모 | 본인 | 모 | 과세 |
| 4 | 본인 | 모 | 본인 | 본인 | 과세 X |

보험은 보험계약자가 누구인지보다 실제로 돈을 누가 납입했느냐를 따지므로 단순히 계약자만 바꿔 놓았다고 해서 상속세나 증여세가 절세되는 것이 아님을 주의하자.

## 상속받는 보험금 등에 대한 금융재산도 상속공제가 적용된다

사망으로 인하여 상속이 개시된 경우, 상속개시일 기준 금융재산에서 금융채무를 차감한 순 금융재산에 대해 최대 2억 원까지 상속 공제를 적용받을 수 있다. 금융재산은 금융기관에 예치된 예금·적금·예탁금·보험금·공제금·유가증권 등을 포함하는 것이며, 금융부채는 금융기관에 대한 채무로 입증된 것만 반영하고, 미입증된 채무는 반영하지 않는다.

## 알아 두면 쓸 데 있는 보험 상식

☑ **세법상 사망보험금과 민법상 사망보험금은 다르다?**

사망으로 인하여 상속이 개시된 경우 세법에서는 사망보험금에 대하여 유가족들에게 금융재산이 상속되었다고 판단하기 때문에 상속과표에 포함시킨다. 하지만 민법은 세법과 다르다. 민법상 사망보험금은 상속재산이 아닌 상속받는 유가족의 고유재산으로 인정한다. 즉, 처음부터 상속자산이 아니라고 판단하는 것이다. 따라서 부모가 채무를 많이 남기고 사망하여 자녀가 상속포기를 했더라도 사망보험금을 수령하는 데는 아무 문제가 없다. 상속인들의 고유 자산으로 인정하기 때문이다.

이처럼 세법과 민법에서 바라보는 사망보험금이 다르므로 이를 잘 알고 활용할 필요가 있다.

Level 2

## 3. 보험을 활용한 효과적인 장애인자녀 절세증여 방법

'자녀보다 하루만이라도 더 사는 것'

장애가 있는 자녀를 둔 부모가 한결같이 가진 소망 중 하나라고 한다. 그만큼 간절하게 평생 자식을 곁에 두고 돌보고 싶은 마음을 갖고 살아가는 것이다.

장애가 있는 자녀를 누군가에 손에 맡기거나 홀로 두는 것은 부모로서 매우 걱정스러운 일이 아닐 수 없다. 장애가 있으면 사회활동에 제약이 있을 수밖에 없고 소득도 상대적으로 적을 가능성이 높다. 그리고 장애로 인한 추가적인 의료비 등이 발생할 뿐만 아니라 기본적인 생활을 위해 누군가의 도움을 절대적으로 필요로 하는 경우가 많다. 게다가 지적장애를 가진 경우에는 언제 어디서 사고가 날지 모르는 위험성이 존재하기 때문에 긴장의 끈을 놓을 수도 없다. 따라서 도움의 손길이 절대적으로 필요하지만 부모가 아닌 남의 손에 맡겨지게 된다면 자칫 자녀가 학대당하는 것은 아닌지, 자녀가 불편해하거나 불안해하지는 않을 것인지 등 많은 걱정을 할 수밖에 없다. 그래서 할 수만 있다면 부모가 직접 자녀를 평생 책임지고 보살피기를 원하는 것이다. 하지만 사람의 생사는 마음대로 정할 수가 없기에 만일의 상황을 대비할 수 있는 플랜을 준비해야 한다.

　기본적으로 장애인자녀의 안정적인 생활을 영위하기 위해서는 매월 안정적인 현금 흐름이 필요하다. 이를 위해서는 적절한 증여와 상속을 통해 자산이 효율적으로 이전될 수 있도록 하는 것이 중요하다. 자칫 아무 계획 없이 큰 자산을 물려줄 경우엔 자녀에게 득이 아닌 독이 되어 버리는 경우도 발생할 수 있다. 평생 사용해야 할 자산을 일시에 탕진해 버린다거나, 돈을 노리고 접근하는 사람들로 인해 생명의 위협을 받는 등의 위험도 발생할 수 있기 때문이다. 그래서 계획적인 증여 및 상속플랜이 필요한 것이다. 현행 세법 상 보험상품의 보험금을 활용하여 증여를 한다면 매년 4천만 원까지 증여세 없이 증여할 수 있다. 보험을 적절히 활용한다면 장애인자녀에게 효율적인 자산이전이 가능할 수 있는 것이다.

### 상속세 및 증여세법 제35조 (비과세되는 증여재산의 범위 등)

제 6항 법 제46조 제8호에서 "대통령령으로 정하는 보험의 보험금"이란 [소득세법 시행령] 제107조제1항 각 호의 어느 하나에 해당하는 자를 수익자로 한 보험금을 말한다. 이 경우 비과세되는 보험금은 연간 4천만 원을 한도로 한다.

### 소득세법 시행령 제107조(장애인의 범위)

① 법 제51조제1항 제2호에 따른 장애인은 다음 각 호의 어느 하나에 해당하는 자로 한다.
1. [장애인복지법]에 따른 장애인 및 [장애아동 복지지원법]에 따른 장애아동 중 기획재정부령으로 정하는 사람

2. [국가유공자 등 예우 및 지원에 관한 법률]에 의한 상이자 및 이와 유사한 사람으로서 근로능력이 없는 사람
3. 삭제
4. 제1호 및 제2호 외에 항시 치료를 요하는 중증환자

장애인 자녀에게 보험으로 증여 시 절세혜택을 받기 위해서는 꼭 충족시켜야 할 요건 3가지가 있다.

첫째, 보험금 형태로 지급되어야 한다. 보험에서 돈을 받는 방법은 중도인출·약관대출·보험사고로 인한 보험금 수령 3가지가 있다. 이중 보험금의 형태로 증여해야만 절세혜택을 받을 수 있다. 보험의 연금은 보험금에 속한다. 따라서 보험의 연금기능을 활용하면 효율적으로 증여가 가능하다. 중도인출과 약관대출은 모두 계약자에게 지급되기 때문에 증여가 성립될 수 없다. 참고로 중도인출은 보험계약에 납입한 자금을 다시 인출하는 개념이며, 약관대출은 해약환급금을 담보로 대출을 받는 개념이다.

둘째, 보험의 계약자와 수익자가 달라야 한다. 돈을 증여 받는 사람이 수익자이기 때문에 장애인자녀가 수익자가 되고 계약자는 장애인 자녀 외 가족이 되어야 한다. 보험료 산출이 되는 피보험자는 장애인자녀가 되어도 되고 가족이 되어도 상관없으나, 피보험자 연령기준으로 45세가 되어야 연금개시가 된다. 그래서 만약 장애인 자녀의 나이가 연금개시 나이에 충족하지 못한다면, 나이 요건을 충족하는 가족이 피보험자로 등재되면 된다.

셋째, 수익자가 법에서 정하는 장애인이거나 법에서 정하는 중증환자

등에 속해야만 한다. 그 외의 자가 수익자로 지정되어 있다면 증여세 비과세혜택은 받을 수 없다.

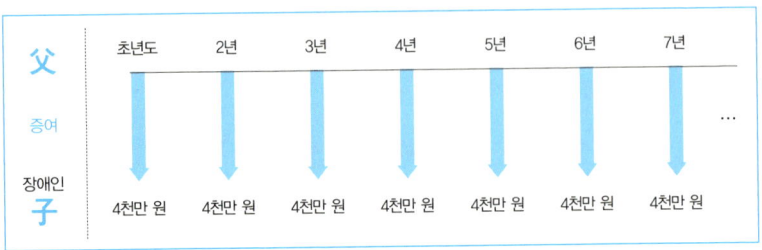

장애인 자녀 증여세 절세 플랜 예시

위의 필수요건을 충족시킨다면 매년 4천만 원을 증여세 없이 증여할 수 있다. 보험의 연금기능을 활용하여 증여한다면 매월 약 330만 원 수준을 연금으로 수령할 수 있도록 설정하면 된다. 연금수령방법은 크게 상속형·확정형·종신형 3가지가 있는데, 연금수령방법에 대해서는 별도의 제한이 없다. 연금이 모두 보험금에 속하기 때문이다. 따라서 각자 상황에 맞는 연금수령방법을 선택하면 된다.

장애인자녀에게 보험으로 증여 시 가장 많이 선택되는 연금수령방법은 종신형이다. 확정형과 상속형은 중도에 해지하여 목돈으로 사용할 수 있는 반면에 종신형은 한번 연금이 개시되면 절대 해지가 불가능하고 부모가 조기에 사망하더라도 지속적으로 연금이 지급될 수 있도록 연금지급보증기간을 설정할 수 있기 때문이다. 부모의 입장에서 생각해 보면 목돈을 주었을 경우 나중에 자녀가 일시에 탕진해 버리거나 누군가에게 사기를 당해서 생활에 지장이 생기는 일 등에 대해 걱정스러울 수 있다. 또 장애인 자녀의 경우 미래에 일을 하면서 돈을 벌기보다는 누군가를 고용해서 돈을 지불해야 하는 입장일 가능성이 높으므로 매월 정기적인 현금 흐름이 필요하다. 또 자녀가 살아있는 평생 동안 일정 수준의 연금을 보장받을 수 있어야 한다. 종신연금기능을 활용하면 이러한 요소들을 보장받을 수 있기에 장애인 자녀 증여플랜에 있어서는 부모 입장에서 선호도가 높다고 할 수 있겠다.

### 연금수령액 예시

(가정: 10억 가입, 피보험자 60세 남, 공시이율 2.63%, H생명 즉시연금보험)

| 구분 | | | 수령 기간 | 최저보증이율 가정 시 | Min(평균공시이율, 공시이율) 가정 시 | 공시이율 가정 시 |
|---|---|---|---|---|---|---|
| 종신연금형 일반형 | | 10년 보증 | 종신 | 2,996,000 | 3,766,000 | 3,836,000 |
| | | 20년 보증 | | 2,898,000 | 3,642,000 | 3,710,000 |
| | | 30년 보증 | | 2,898,000 | 3,642,000 | 3,710,000 |
| | | 100세 보증 | | 2,898,000 | 3,642,000 | 3,710,000 |
| | | 기대여명 보증 | | 2,898,000 | 3,642,000 | 3,710,000 |
| | | 보증금액부 | | 2,898,000 | 3,642,000 | 3,710,000 |
| 종신연금형 초기집중형 | 10년 보증 | 10차년도 이내 | | 4,420,000 | 5,320,000 | 5,399,000 |
| | | 11차년도 이후 | | 2,210,000 | 2,660,000 | 2,699,000 |
| | 20년 보증 | 20차년도 이내 | | 3,501,000 | 4,244,000 | 4,311,000 |
| | | 21차년도 이후 | | 1,750,000 | 2,122,000 | 2,155,000 |
| 상속연금형 | | 종신플랜 | 종신 | 763,000 | 1,909,000 | 2,008,000 |
| | 환급 플랜 | 10년 | 10년 | 520,000 | 1,720,000 | 1,823,000 |
| | | 15년 | 15년 | 597,000 | 1,794,000 | 1,897,000 |
| | | 20년 | 20년 | 631,000 | 1,825,000 | 1,928,000 |
| 확장연금형 | | 10년 | | 8,401,000 | 9,031,000 | 9,086,000 |
| | | 15년 | | 5,720,000 | 6,362,000 | 6,419,000 |
| | | 20년 | | 4,376,000 | 5,032,000 | 5,091,000 |
| | | 30년 | | 3,021,000 | 3,700,000 | 3,763,000 |

이처럼 보험의 연금기능을 활용하면 장애인자녀에게 증여 시 증여세를 절세할 수 있을 뿐만 아니라 규칙적인 연금지급을 통해 안정적인 생활을 영위할 수 있는 기반을 만들어 줄 수도 있음을 알아 두자.

### 알아 두면 쓸 데 있는 보험 상식

## ☑ 장애인 자녀 증여관련 주요 Q&A

**Q1. 저축성보험을 가입한 후 중도인출기능을 활용해서 자녀에게 지급해도 될까?**

중도인출은 수익자가 아닌 계약자에게 지급된다. 보험사고의 사유로 지급되는 보험금이 아닌 본인이 납입한 보험료를 인출하는 것이기 때문이다. 따라서 수익자에게 바로 지급되지 않을뿐더러 보험금에도 해당되지 않기 때문에 장애인자녀 증여세 비과세 혜택을 받을 수 없다.

**Q2. 계약자·피보험자·수익자를 모두 장애인 자녀로 해야 증여세 비과세 혜택을 받을 수 있을까?**

그렇지 않다. 돈을 내는 사람과 받는 사람이 달라야 증여관계가 성립하기 때문에 계약자와 수익자가 서로 달라야 한다. 즉, 계약자는 부모, 수익자는 자녀가 되어야 하는 것이다. 피보험자는 누가 들어가도 상관없다. 그리고 꼭 장애인자녀 본인명의의 금융계좌로 수령해야 한다.

**Q3. 장애인 전용보험으로만 가입해야 혜택이 있는 걸까?**

장애인증여 요건을 갖춘다면 장애인 전용보험 포함 모든 보험이 해당된다. 참고로 장애인 전용보험은 장애인이 가입할 수 있도록 보험가입문턱을 낮춘 상품이다.

**Q4. 할아버지가 손주에게 증여하는 세대생략 증여 시에도세대생략 증여 시에도 연간 4천만 원까지 비과세가 될까?**

비과세가 된다. 세대생략증여 시에는 산출세액의 30%가 가산된다. 장애인자녀 증여 시에는 연간 4천만 원까지는 증여과표에 반영되지 않아 산출세액이 없기 때문에 세대생략증여로 인해 할증되는 금액도 없다.

Level 2

## 4. 나에게도 숨겨진 보험금이 있을까?

'약 1년의 기간 동안 찾아간 숨은보험금 규모 3조 125억 원'

2017년 말에 개설된 숨은보험금 조회시스템인 '내 보험 찾아줌'을 오픈한 이후 약 1년 동안(17.12.18~18.11.30) 찾아간 금액이다. 건수로는 무려 약 241만 건이다. 그 동안 많은 보험가입자들이 당연히 받아야 할 보험금을 알지 못해 받지 못한 금액이 이처럼 많았던 것이다. 여기서 숨은보험금이란, 보험금을 받을 수 있는 사유가 됨에도 불구하고 보험금을 청구하지 않거나 수령하지 않은 보험금을 말한다.

해당 서비스를 오픈한 지 1년도 채 안되는 기간 동안 찾아간 숨은보험금 규모는 3조 125억 원이나 되지만 아직 찾아가지 않은 숨은보험금 규모는 훨씬 크다. 생·손보협회와 서민금융진흥원에 따르면 2018년 11월 말 기준 아직도 찾아가지 않은 숨은보험금 규모가 약 9조 8,130억 원에 달한다고 발표했다. 찾아간 금액의 3배가 더 남아 있는 것이다. 그런

### 찾아간 숨은보험금 내역 (17.12.18~18.11.30)

| 보험금 유형 | 금액 | 비고 |
| --- | --- | --- |
| 만기보험금 | 7,910억 원 | 만기가 되었으나 찾아가지 않은 보험금 |
| 중도보험금 | 1조 8,550억 원 | 중도보험금 지급사유가 발생하였으나 찾아가지 않은 보험금 |
| 휴면보험금 | 2,211억 원 | 만기가 된 후 소멸시효가 지나 휴면재단에 이관된 보험금 |
| 사망보험금 | 1,454억 원 | 피보험자 사망으로 인해 보험금지급사유가 발생하였으나 청구하지 않은 보험금 |
| 합계 | 3조 125억 원 | 약 240.5만 건 ('18년 11월 말 기준) |

출처: 금융위원회

데 이것이 끝이 아니다. 위의 숨은 보험금은 보험가입자가 별도로 청구하지 않아도 만기가 되거나 중도보험금과 같은 보험금 지급사유가 명확한 건들만 포함 된 것이다. 즉 보험가입자가 보험사고가 발생하였지만 보험을 청구하지 않아서 못 받은 건들은 여기에 포함되어 있지 않은 것이다. '잠재적인' 숨은 보험금이라고 할 수 있겠다. 사망보험금의 경우도 잠재적인 숨은보험금이 될 수 있었으나 금융당국과 보험업계가 행정안전부 사망자정보 확인을 통한 업무 협조를 진행하여 숨어 있는 사망보험금을 찾아갈 수 있도록 조치할 수 있었다. 하지만 사망보험금 이외의 보험사고에 대해서는 보험가입자 본인이 직접 찾아야 한다. 보험사고에 대한 보험금을 지급하기 위해서는 개개인별 의료기록 등을 확인해야 하는데 개인정보보호 등의 사유로 현재로서는 불가능하기 때문이다. 즉, 보험회사는 보험가입자가 보험금을 청구하기 전까지는 보험사고에 대해 인지하지 못하기 때문에 보험가입자가 직접 보험회사에 보험금 청구를 해야 하는 것이다. 실제로 보험회사 입장에서는 보험금을 지급하고 싶어도 몰라서 지급하지 못하는 경우도 많다. 보험금 청구소멸시효는 3년이다. 보험금을 제때 청구하지 않았더라도 3년이 지나지 않았다면 보험금을 받을 수 있다.

숨은 보험금을 찾는 방법은 어렵지 않다. 먼저 '내보험 찾아줌(https://cont.insure.or.kr)' 사이트에 접속해 보자. 본인인증만 하면 본인의 보유계약 및 찾아가지 않은 숨은보험금을 손쉽게 확인해 볼 수 있다. 그리고 잠재적인 숨은보험금을 찾기 위해 해당 홈페이지에 나와 있는 보험계약을 확인 후 최근 3년 동안 병원에서 치료를 받았거나 기타 사고가 있었다면 해당 보험회사를 통해 확인해 보는 것이 좋다.

보험은 장기성 상품일 뿐만 아니라 내용이 복잡하기 때문에 지속적으로 관심을 갖지 않으면 금방 잊힐 수 있다. 이번 기회를 통해 본인의 숨은보험금을 찾아봄과 동시에 본인이 가입한 보험을 다시 한번 점검해 보는 것은 어떨까?

## 숨은보험금 확인하는 방법

Step 1    내보험 찾아줌 사이트 접속 https://cont.insure.or.kr

Step 2    본인인증 및 결과 확인

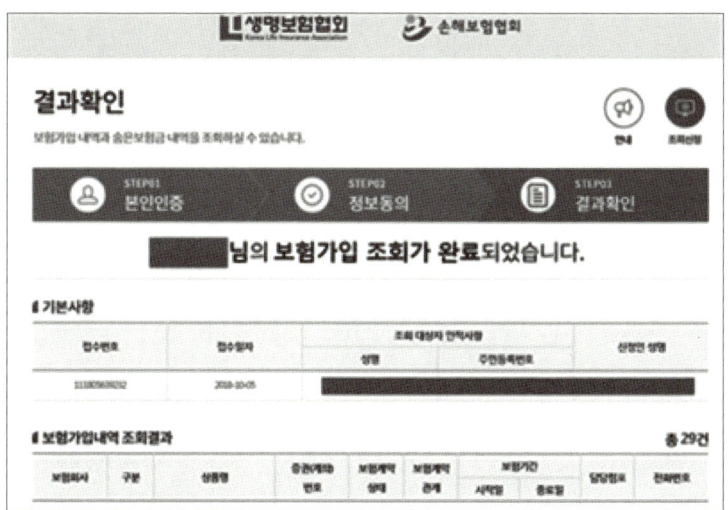

## 알아 두면 쓸 데 있는 보험 상식

☑ 휴면보험금은 만기, 해약 또는 실효 등으로 발생한 환급보험료만 찾을 수 있다?

휴면보험금에는 종신보험의 사망보험금이나 진단보험금 등 보험사고로 발생한 보험금은 포함되어 있지 않다. 이유는 보험회사는 보험가입자가 보험금을 청구하기 전까지는 보험사고에 대해서 인지를 하지 못하기 때문이다. 그러므로 보험사고가 발생했을 경우에는 가급적 빨리 보험금을 청구할 필요가 있으며, 꼭 3년 안에 보험금을 청구해야 한다.

만약 보험을 가입한 사람이 사망했다면, 그 유가족들은 보험을 가입했는지 여부조차 확인이 어려울 수 있다. 그럴 경우 금융감독원의 상속인금융거래조회서비스를 신청하면 보험뿐만 아니라 다른 금융자산의 내역도 확인할 수 있으니 꼭 알아 둘 필요가 있다.

\* 금융감독원 상속인 금융거래조회서비스는 상속인이 피상속인의 금융재산 및 채무 내역을 금융감독원이 각 금융협회 및 금융회사의 협조를 얻어 제공하는 서비스이다.

Level 2

## 5. 보험료 납부하기 부담스러울 때는 이 방법을

'25회차 보험계약 유지율 67.6%'

이 수치의 의미는 100명 중 33명이 2년 이내에 보험계약을 해약한다는 뜻이다. 보험은 초기에 발생하는 비용이 높다. 그래서 보험을 조기 해약하면 대부분 손해가 발생한다. 조기해약으로 인해 너무나 많은 보험가입자들이 아무런 혜택을 받지 못하고 손해를 보고 있는 것이다. 따라서 보험을 통해 혜택을 받기 위해선 보험계약 유지가 필수적으로 선행되어야 한다.

하지만 갑작스럽게 금전이 필요한 상황이 발생되면, 가장 먼저 보험부터 해약을 고려하게 되는 것이 현실이다. 심지어 꼭 보험이 필요한 상황임에도 불구하고 향후 납입할 보험료가 부담되어 해약하는 경우도 발생한다. 보험해약을 통해 우선 급한 불을 끄고 난 후 추후에 다시 보험을 가입하는 방법도 있지만, 과거보다는 조건이 좋지 않거나 아예 보험회사에서 보험인수를 거절하는 경우도 있다. 따라서 본인에게 필요한 보험이라고 판단된다면 가급적 유지하는 것이 좋다. 만약 보험을 유지하고 싶지만 보험료 납입이 어려운 상황이라면, 아래의 방법을 활용해서 보험계약을 유지시킬 수 있다.

### 🔍 납입일시중지

저축성보험의 경우 일정요건을 충족하면 납입을 일시적으로 중단할 수 있는 기능이 있다. 일반적으로 1회당 최대 1년까지 납입중단이 가능하며, 최대 3회까지 신청이 가능하다. 다만, 추후에 납입 일시중지 기간 동안 미납한 보험료는 다시 납입해야 한다. 즉, 잠시 쉬었다가 다시 납부하는 개념이다.

### 🔍 납입유예

보험료 납입을 유예시킴으로써 보험계약을 유지할 수 있는 방법이다. 다만, 납입유예기간 동안 해약환급금 또는 적립금에서 보험계약 유지에 필요한 금액이 공제된다. 따라서 더 이상 비용을 공제할 수 있는 해약환급금 또는 적립금이 모두 소진된다면 보험계약 효력이 상실될 수 있음을 유의해야 한다. 보험료 납입 완료시점은 납입유예기간만큼 연기된다. 앞에 설명하였던 납입 일시중지 기능과 유사하다.

## 🔍 일시납 계약전환

　매월 납입하는 적립식 보험계약을 일시납 보험계약으로 전환하는 방법이다. 매월 납입해야 하는 보험계약을 현재 쌓인 적립금기준으로 일시납 계약으로 전환하면 더 이상 보험료를 납입하지 않아도 된다. 또 향후에도 보험료 납입을 하지 않는 상태로 보험계약을 유지할 수 있다. 다만, 납입하는 보험료가 줄어든 만큼 보장금액도 줄어든다.

## 🔍 중도인출 & 선납

　아무리 많은 적립금이 쌓여 있어도 보험료를 납부하지 않으면 보험계약 효력은 상실된다. 오랜 기간 납입한 상황에서 향후 보험료 납입이 어려운 상황이라면, 그동안 쌓아 놓은 적립금을 중도인출하여 향후에 납부할 보험료 재원으로 활용할 수 있다. 중도인출한 자금으로 '선납기능'을 활용하면 적게는 1개월 또는 많게는 12개월 이상치의 보험료를 한 번에 납입할 수 있다. 선납을 한 기간 동안에는 보험료를 납입하지 않아도 되므로, 지속적으로 보험계약을 유지시킬 수 있다.

## 🔍 자동대출납입

　해약환급금을 담보로 대출을 받아 보험료를 내는 방법이다. 해약환급금이라는 확실한 담보가 있기 때문에 신용등급과는 상관없이 대출이 가능하다. 대출금리도 상품에 따른 차이가 있을 뿐 신용등급에 영향을 받지 않는다. 해약환급금의 50~60% 한도 내에서 대출이 가능하기 때문에 대출금이 해당기준을 초과하면 자동으로 자동대출 납입이 중단될 수 있음을 유의하자.

### 감액 & 감액완납

감액이란, 보험금 및 보장항목을 줄여 보험료를 낮추는 방법이다. 다만, 감액은 부분해약과 같기 때문에 감액한 금액의 비율만큼 해약환급금을 지급한다. 감액완납은 감액을 통해 지급받은 환급금을 활용하여 향후에 납입해야 할 감액된 보험료를 한 번에 납입하는 방법이다. 감액완납을 활용하면 보험금과 보장항목이 줄어드는 단점은 있지만, 보험료를 더 이상 납입하지 않은 상태로 보험을 지속적으로 유지시킬 수 있다.

### 정기보험 전환

보장성보험인 종신보험을 보유하고 있을 때 사용할 수 있는 기능으로, 만기가 없는 종신에서 만기가 있는 정기보험으로 변경하면서 보험료를 낮추거나 납입을 완료하는 기능이다. 당장의 보장은 유지할 수 있다는 장점은 있으나 만기 이후에는 보장이 사라짐을 유의해야 한다.

이처럼 보험료 납입이 어려운 상황에서도 보험을 유지할 수 있는 여러 가지 방법이 있다. 따라서 보험료 납입이 어렵다고 해서 무턱대고 보험을 해약을 고려하는 것보다는 최대한 보험을 유지하면서 보험의 혜택을 받을 수 있도록 하자.

Level 2

# 6 속아서 가입한 보험, 손해 보지 않고 되돌릴 수 있다?

보험상품에 가입했지만 처음 제안받았을 때 들었던 설명과 다른 점을 나중에서야 발견하게 될 수도 있다. 하필 그 다른 점이 치명적인 단점이 되어 해당 상품을 유지할 이유가 없어질 수도 있다. 보험가입자 입장에서는 가입 시 설명 들은 것과 다르다고 주장하며 다시 원금을 돌려 달라고 민원을 제기할 수 있지만, 보험회사는 불완전판매와 같은 합당한 사유가 인정되지 않는다면 원금을 되돌려주지 않는다. 최초 설명과는 다른 보험상품을 잘못 가입한 상황이라면 누구나 당장 해당 보험상품을 해약하고 싶을 것이다. 하지만 해약하기엔 손실이 너무 커서 이러지도 저러지도 못하는 상황이라면 해결할 수 있는 방법이 없을까?

 **전체 금융상품 민원 중 보험상품에 관한 민원이 과반수를 차지한다**

금융감독원에 따르면, 2019년 1분기 기준 금융민원에서 보험이 차지하는 민원 비중은 전체 민원의 약 61%를 차지할 정도로 가장 많았다. 보험모집 과정에서 모집인 등으로부터 보험계약의 중요한 내용에 대해 설명을 듣지 못하였다는 이유 등으로 계약해지나 보험금 환급 등을 요구하는 분쟁조정 신청이 2009년부터 급격히 늘어났으며, 보험금지급의 적정성 여부를 둘러싼 분쟁도 최근 들어 크게 늘어났다. 특히 변액보험의 펀드 수익률 급감으로 인한 변액보험 관련 민원이 급증하였다.

## 보험 가입 후 한 달이 안 되었다면 전화 한 통으로 보험계약을 철회할 수 있다

보험가입자는 청약을 한 날로부터 30일 이내 또는 보험증권수령일로부터 15일 이내에 보험청약의 철회가 가능하다. 청약철회란, 기존의 청약을 유지할 의사를 밝혀 계약을 무효화시키는 것을 말한다. 청약철회가 되면 기존의 청약한 계약은 무효가 되고 보험계약자는 납입한 원금을 보험회사로부터 되돌려받을 수 있다. 보험회사 또는 판매회사에 내방할 필요 없이 보험가입자의 전화 한 통으로도 청약철회신청이 가능하다. 보험회사는 보험가입자의 철회신청을 접수한 경우 3일 이내에 이미 납입한 원금을 돌려주어야 한다. 보험료의 반환이 늦어진 기간에 대해서는 상품에서 약정한 이율을 더한 금액을 보험가입자에게 지급하여야 한다. 일반적으로 보험회사는 보험계약철회신청을 한 날에 보험료를 되돌려주는 경우가 많다. 만약 보험료를 되돌려주기 전에 보험사고가 발생했다면, 철회신청을 한 경우라도 보험금 지급 전까지 보험계약이 유지된 것으로 보아 보험금을 지급해야 될 수 있기 때문이다. 쉽게 말해, 보험금을 돌려주기 전까지는 보험회사는 보험사고에 대한 보험금을 지급할 의무가 있는 것이다.

다만, 보험계약 철회권한이 모든 상품에 적용되는 것은 아니다. 여행자보험과 같은 1년 미만의 단기보험·자동차보험 중 의무보험·단체보험은 가입 후 청약철회가 불가능하니 유의하자.

## 🔍 3개월 이내에 계약을 취소할 수 있다

보험가입자는 계약을 체결할 때 아래의 사유 중 하나라도 미흡한 사항이 있다면, 계약 성립일로부터 3개월 이내에 계약을 취소할 수 있다. 자필서명을 하지 않은 경우, 필수적으로 교부받아야 하는 약관과 계약자보관용 청약서류를 받지 못한 경우, 약관의 중요한 내용을 설명 듣지 못한 경우 중 하나라도 미흡한 사항이 있다면 계약의 취소가 가능하다. 보험계약이 취소된 경우 보험회사는 보험가입자에게 약정한 이율을 더한 금액을 지급하여야 한다.

## 🔍 민원을 접수할 수 있는 곳은 보험회사와 금융감독원 그리고 한국소비자원이 있다

보험가입 후 몇 달의 시간이 지난 뒤 최초 들었던 설명과 다른 점을 발견하게 되었다면, 어떻게 해야 할까? 앞서 언급하였던 계약취소를 보험회사에서 받아들이지 않는다면, 정식적인 민원제기를 통해 보험을 무효화시킬 수 있다. 민원을 제기할 수 있는 곳은 보험회사와 금융감독원, 한국소비자원의 크게 세 곳이 있다. 민원 접수 시 가장 먼저 보험회사를 거쳐야 하는 것은 아니며, 보험회사를 거치지 않고 바로 금융감독원 또는 한국소비자원에 민원을 제기할 수 있다. 하지만 거쳐야 하는 절차로 인해 많은 시간이 소요될 수 있으며, 민원이 받아들여지지 않을 경우 보험계약을 그대로 유지해야 한다.

금융감독원은 금융위원회 산하기관으로 '금융감독기구의 설치 등에 관한 법률'에 의거하여 설립된 기관이다. 공공기관으로서 금융기관의 건전성을 확보하고 금융소비자를 보호하기 위한 활동을 담당하고 있다.

한국소비자원은 공정거래위원회의 산하기관으로 소비자기본법에 의거하여 설립된 특수공익법인이다. 공공기관으로서 소비자의 권익을 증진하기 위해 국가에서 설립한 소비자 보호 전문기관이다.

금융감독원을 통한 민원과 한국소비자원의 민원은 큰 차이가 없으나, 대부분의 금융관련 민원은 금융감독원을 통해서 이뤄지고 있다. 금융감독원에 접수된 민원 중 보험회사와 직접 분쟁조정이 필요하다고 판단되는 사안에 대해서는 보험회사로 이관하여 해당 민원을 처리한다.

민원 신청 시 꼭 알아야 할 점이 있다.

첫째, 금융감독원과 한국소비자원에 동시에 민원을 제기할 수 없다는 것이다. 만약 동시에 민원을 제기하였거나 금융감독원에 민원을 제기한 후 추가로 한국소비자원에 민원을 제기하였을 경우, 한국소비자원에서는 해당 민원의 처리가 불가능하다. 단, 한국소비자원에 민원을 제기한 후 만족스러운 결과를 얻지 못했을 경우 다시 금융감독원에 민원을 제기하는 것은 가능하다.

둘째, 법원에 민사소송이나 조정을 제기한 상태에서 금융감독원과 한국소비자원에 추가로 민원을 제기한 경우에는 두 기관의 민원 처리결과와는 상관없이 법원의 판결에 따르게 된다.

셋째, 민원처리 중 보험회사 또는 보험가입자 둘 중 한쪽이 법원에 민사소송이나 조정을 제기한다면 민원기관의 민원처리업무는 종결된다.

넷째, 공제와 보험의 민원처리기관은 다르다. 조합의 공제상품과 관련된 민원이 발생한 경우에는 이 조합을 관리 감독하는 개별 정부부처가 민원 처리를 진행한다. 따라서 조합의 공제상품에 가입되어 있다면, 만일의 경우에 대비해 해당 기관의 관리감독부처를 잘 알아 두어야 할 필요성이 있다. 보험회사의 민원처리기관들과 혼동해서는 안된다. 민원은 제기할 수 있지만, 해당 기관에 대해 강제적인 조정권한이 없어 조합에서 해당 사항을 받아들이지 않을 수도 있기 때문이다.

## 민원 접수 시 필수로 작성해야 하는 내용이 있다

보험가입자가 민원을 신청할 경우 보험회사 또는 금융감독원, 한국소비자원의 홈페이지·방문·팩스·우편 등으로 접수가 가능하다. 보험가입자가 직접 신청하는 경우 신분증을 구비해야 하고, 대리인이 신청하는 경우 계약관계자의 위임장과 인감증명서 등이 필요하다. 그리고 민원을 통해 주장하는 내용을 입증할 수 있는 자료 등이 필요하며, 양식은 자유롭게 작성할 수 있다. 보험회사에 민원이 접수되면 실제 보험을 권유했던 담당자 또는 관리자가 모집경위서를 작성하여야 한다. 민원담당 부서에서는 민원에 대한 내용과 모집경위서 내용을 토대로 사실 관계를 파악하고 민원을 처리하게 된다.

보험가입자의 민원이 받아들여지면 해당 계약은 무효가 되며 보험회사는 보험가입자에게 원금 또는 원금과 약정한 이자를 지급해야 한다. 그와 동시에 해당 보험을 판매한 설계사 또는 판매회사는 보험계약이 무효가 되었으므로 그동안 받았던 판매수수료 등을 보험회사로부터 모두 회수당하게 된다. 또한 추가로 발생한 이자 비용과 제반 비용의 일정 비율 만큼을 추가로 회수당하게 된다.

## 모집경위서 예시_S생명

### 모 집 경 위 서

1. 민원 내용
2. 대상 계약
3. 모집 경위

    가. 고객의 청약 동기(가입 목적, 가입 기간 및 자금 사용용도 등)는 무엇입니까?

    나. 본 상품을 권유하게 된 계기는 무엇입니까?

    다. 주요 보장 내용 및 약관의 중요 사항에 대해 어떻게 설명하셨나요?

    라. 모집 당시 해약환급금에 대해서는 어떻게 안내하셨는지요?

    마. 청약서는 언제, 어디서 작성하셨는지요?

    바. 청약 관련 서류의 실제 작성자 성명을 기재하여 주시기 바랍니다.

    사. 청약서의 "계약 전 알릴 의무 사항"은 누가 작성하셨는지요?

    아. 청약 관련 서류의 전달 여부를 체크해 주시기 바랍니다.

      (1) 약관 ( 전달 / 미전달 )
         청약서 부본 ( 전달 / 미전달 )
      (2) 가입설계서 ( 전달 / 미전달 )
         상품설명서 ( 전달 / 미전달 )
         보험증권 ( 전달 / 미전달 )

    자. 1회 보험료는 언제, 어떤 방법으로 납입되었는지요?

    차. 민원 접수 내용에 대한 구체적 답변 및 의견

상기 내용은 신의 성실의 원칙에 의하여 사실만을 작성하였음과 본건이 '민원해지' 되는 경우 위촉계약서의 수수료 환수 방법에 따름을 확인합니다.

작성일자 : 0000년 00월 00일
사원번호 :
모 집 인 :    (서명)
연 락 처 :

보험은 기본적으로 장기간 납입하고 유지하는 상품이다. 그래서 매월 납입하는 보험료는 크지 않더라도 장기간 납입하다 보면 결국 큰 자금이 투입되게 된다. 그러므로 최초 보험을 가입할 때 신중하게 검토할 필요가 있다. 좋은 관리자를 만나 크게 신경 쓰지 않아도 나에게 맞는 상품으로 잘 가입하도록 제안하고 관리해 주면 좋겠지만, 모두가 다 좋은 관리자를 만날 수 있다는 보장도 없다. 실제로 믿고 맡겼다가 나중에 후회하는 경우도 많다. 만약 본인에게 맞지 않는 보험을 오인하여 가입하였거나 가입하는 과정에서 불완전판매를 포함한 부당한 사유들이 확실히 있었다면 민원을 제기하여 손해를 경감시킬 필요가 있다.

보험상품은 중도에 해약을 하면 손실을 볼 가능성이 매우 높은 상품이다. 그러므로 해약하기 전 혹시 본인이 가입한 상품이 적법하게 가입되었는지, 혹시 불완전판매사유는 없었는지, 오인해서 가입했던 것은 아니었는지 다시 확인해 볼 필요가 있다. 만약 그런 사항이 있다면, 민원제기를 통해 손해 보지 않고 원금 또는 원금과 약정된 이자를 돌려받아야 한다.

## 알아 두면 쓸 데 있는 보험 상식

### ☑ 보험계약을 철회했는데 보험금이 지급된다?

보험을 청약한 후 30일 이내에 보험계약을 철회할 수 있다. 하지만 보험청약을 하고 철회하기 전의 기간 동안 보험사고가 발생했고, 이를 모르고 보험계약을 철회했다면 보험회사로부터 보험금을 지급받을 수 있을까?

보험금을 지급받을 수 있다.

보험약관에서는 보험계약자가 사고 발생 사실을 모르고 보험금을 청구하지 않고 보험계약을 철회한 경우에도 그 기간 동안에는 보험계약이 유지된 것으로 판단하여 약관에 정한 바에 따라 보장받을 수 있도록 하는 내용을 명시하고 있다. 그러므로 보험계약을 철회하였더라도 그 전에 보험사고가 발생했다면 보험금을 지급받을 수 있으므로 꼭 청구해야 한다.

Level 2

# 7

## 보험금을 담보로 보험회사에서 대출을 받을 수 있다

살다 보면 갑작스럽게 자금이 필요한 때가 생길 수 있다. 그런 상황을 겪게 되면 대부분 대출을 고민하거나 기존에 가입해 있던 금융상품의 해약을 고려한다. 그런 과정에서 오랫동안 유지한 보험을 해약하게 된다면 불가피하게 손실을 보게 되는 안타까운 일이 발생할 수도 있다.

지금부터 보험계약을 해지하지 않고 보험계약을 활용하여 자금을 마련할 수 있는 방법을 알아보자.

### 보험의 해약환급금을 담보로 대출을 받을 수 있다

보험가입자는 본인이 가입한 보험상품을 그대로 유지하면서 해약환급금의 50% 수준을 대출받을 수 있다. 이를 보험의 '약관대출'이라고 하는데, 보험료를 담보로 대출을 할 수 있는 제도를 말한다. 대출의 형태이지만 해약환급금을 담보로 하고 있기 때문에 신용등급에 영향을 주지 않고 기존 신용대출한도에도 영향을 주지 않는다. 그리고 해당 상품의 예정이율에 1.5% 수준의 금리를 가산하기 때문에 예정이율이 낮게 책정된 보험상품의 경우 대출금리도 제 2금융권 대비 저렴할 수 있다. 예를 들어, 2019년에 판매되고 있는 대부분의 보험상품의 예정이율은 연 2.5%를 적용하고 있다. 해당상품으로 약관대출을 받을 경우 적용되는 이율은 예정이율에 1.5%를 가산한 연 4.0% 수준이 된다.

보험약관대출을 받을 때는 보험회사나 금융기관을 방문하지 않아도 된다. 전화나 인터넷, 모바일로도 대출을 받을 수 있고, 대출심사가 없기 때문에 당일에 바로 대출금을 지급받을 수도 있다. 또 대출을 상환할 여력이 생겨서 수시로 상환하더라도 중도상환수수료가 발생하지 않는다.

## 🔍 보험상품으로 대출받아도 보장 내용과 조건은 변경되지 않는다

보험약관대출의 장점 중 하나는 대출을 받아도 기존 상품에 영향을 거의 미치지 않는다는 것이다. 보장하는 내용이 바뀌지 않으며, 저축성보험의 경우 약관대출을 받더라도 그 안에서 운용되고 있는 자금은 그대로 공시이율 또는 최저보증이율을 적용받게 된다. 예를 들면, 연 3.0% 공시이율로 운용되고 있는 저축성보험을 담보로 약관대출을 연 4.25%의 금리에 받았다면, 보험에 있는 자산은 그대로 연 3.0%의 공시이율을 적용받는다. 따라서 실질적으로 부담하는 대출금리는 연 1.25% 수준이 될 수 있는 것이다.

다만, 변액보험의 경우에는 상품 종류에 따라 다르게 적용될 수 있다. 변액보험은 펀드 성과에 연동이 되기 때문에 손실가능성을 대비하여 대출금만큼 펀드를 매도하는 경우도 있다. 물론 대출과 관계없이 그대로 펀드를 계속해서 운용할 수 있도록 하는 상품도 있다. 따라서 변액보험 내의 펀드 수익률이 대출금리보다 높다면 대출이자가 덜 부담스러울 것이다.

보험회사가 약관대출을 통해 보험가입자의 신용등급도 조회하지 않고 간편하게, 그리고 타 대출보다 유리하게 대출을 해 줄 수 있는 이유가 있다. 바로 기존 보험계약의 해약환급금이라는 확실한 담보가 있기 때문이다. 대출금 자체가 기존 계약의 해약환급금 범위 내에서만 이뤄지기 때문에, 보험계약자가 대출금을 상환할 수 없는 경우가 되더라도 보험회사는 보험금을 지급할 때 대출원리금을 차감하여 지급하면 된다. 또 보험사고가 나서 보험금을 지급하게 되더라도 대출금액만큼 차감한 후에 나머지 금액을 지급하면 된다. 즉, 보험상품을 담보로 하는 약관대출은 보험회사가 피해를 볼 가능성이 거의 없다고 봐도 무방하다.

### 더 많은 자금이 필요하다면, 신용대출도 가능하다

이미 약관대출을 최대한도로 활용하였거나 더 받을 수 없는 상황에서 추가적인 자금이 필요하다면, 보험가입자 신용대출도 가능하다. 다만, 약관대출과 달리 보험회사가 보험가입자의 신용으로 대출을 해 주는 것이기 때문에 신용등급에 따라 금리와 대출금액에 차이가 발생한다. 신용대출을 받아야 하는 상황이라면 대출받기 전 타 금융기관과 조건을 비교할 필요가 있다.

### 보험계약대출(약관대출) vs 보험계약자 신용대출

| 구분 | 보험계약대출 (약관대출) | 보험계약자 신용대출 | 비고 |
|---|---|---|---|
| 특징 | ·현금서비스 및 카드론보다 낮은 금리<br>·소액자금을 수시로 대출받고 상환할 수 있음<br>·홈페이지, 모바일, 전화를 통해 쉽게 이용 가능 | ·보험계약대출 가능 금액을 초과하여 대출 가능<br>·홈페이지를 통한 실시간 대출 이용 가능 | |
| 대출 대상 | ·보험가입고객 중 일정 금액 이상의 해약환급금이 발생하는 고객<br>·신용등급에 상관없이 대출금 지급 가능 | ·보험을 일정 기간 이상 유지 중이며 해약환급금이 일정 금액 이상인 고객<br>·신용등급이 일정 등급 이상인 고객 | |
| 대출 한도 | ·해약환급금의 약 50% 수준 | ·해약환급금 초과 가능 (신용등급별 금액 차등) | |
| 대출 금리 | ·상품별 적용예정이율 +2.0% 수준 | ·신용등급별 차등 적용 | |
| 펀드 운용 | ·특별계정에서 인출 | ·특별계정에서 미인출 | 상품별 상이 |
| 중도상환 수수료 | ·없음(또는 신용대출수수료보다 낮음) | ·일정 기간 이내 상환 시 수수료 부과 | |
| 대출금 지급시기 | ·상품별 상이(당일, D+2, D+5) | ·당일 또는 D+1지급 | |
| 대출 횟수 | ·월간 횟수 제한 있음 | ·제한 없음 | |
| 신청 방법 | ·홈페이지, 모바일, 전화, 방문 | ·홈페이지, 방문 | 보험사별 상이 |

출처: M생명 대출 안내 자료

이처럼 보험상품으로도 신용등급에 영향을 미치지 않으면서 높지 않은 대출금리로 손쉽게 대출이 가능하다. 그러므로 단기에 급한 자금이 필요한 상황이라면 보험을 해약하는 것보다는 이런 대출 기능을 활용하는 것도 좋은 방법이 될 수 있다.

### 내 보험 CHECK POINT

- 급전이 필요할 때는 신용등급 및 대출한도에 영향을 주지 않는 보험계약대출을 활용한다.
- 보험계약대출(약관대출) 시에는 예정이율이 낮은 상품부터 받는다.
 (예: 대출이율 = 예정이율 + 1.5%)
- 변액보험계약을 담보로 받을 시 펀드가 매도가 되는지 여부를 확인 후 판단한다. (예: 대출 기간 동안 변액보험 수익률이 좋을 것이라고 예상된다면 펀드가 매도되지 않고 그대로 유지되는 상품을 우선으로 선택)

Level 2

## 8 실손의료보험 제대로 알고 활용하기

사고가 나서 병원 치료를 받아야 하는데 의료비가 부담된다면, 또 그로 인해 치료를 제대로 못 받는 상황이 된다면 꽤 오랜 시간동안 치료하지 못해 고통받을 수 있다. 하지만 실손의료보험을 가지고 있다면 이러한 상황에 처하지 않을 수 있다. 보험가입자가 병원에 지불한 의료비를 상당 부분 보상해 주기 때문이다.

### 실손의료보험으로 내가 낸 의료비를 다시 돌려받을 수 있다

실손의료보험은 보험가입자가 실제 부담한 의료비만을 보장하는 보험상품이다. 그래서 다수의 보험회사에 여러 개의 실손의료보험을 가입한 경우라도 실제 부담한 의료비 범위 내에서 보험가입자가 가입한 보험회사들이 나누어 지급한다. 즉, 보험가입자가 지출한 의료비를 초과하여 보험금을 지급받을 수 없다. 실손의료보험의 보장 항목은 상해입원·상해통원·질병입원·질병통원으로 나누어져 있다. 수술·입원·치료·처방 등 의료와 관련된 거의 모든 비용이 지급되지만 보장하지 않는 항목도 있으므로 체크해야 한다. 상품설명서나 약관 등에 비보장 항목이 명시되어 있으므로 해당 항목은 알아 둘 필요가 있다.

실손의료보험에서 보장하지 않는 항목에는 외모 성형으로 인한 의료비·건강검진·예방접종·처방전 없는 의약품·선천성 뇌질환·정신과 질환·비만·비뇨기과 장애·간병비 등이 있다. 또 실손의료보험은 한방병원과 치과의 경우 급여 항목만 보장하고, 의료비의 큰 부분을 차지하는 비급여 항목은 보장하지 않는다.

## 손해보험의 실손의료보험과 생명보험의 실손의료보험은 큰 차이가 없다

생명보험에서 판매하는 실손의료보험과 손해보험에서 판매하는 실손의료보험의 보험료는 차이가 있다. 엄밀히 따지면, 보험회사별로 보험료 차이가 발생한다. 이유는 보험회사별로 상품을 개발할 때 반영하는 위험요율에 차이가 있기 때문이다. 일반적으로 보험회사는 통계치가 확보되어 있을 경우 자사의 위험요율을 활용하지만, 통계치가 충분하지 못할 경우 자사의 위험요율 대신 보험개발원의 참조순보험료 또는 참조순보험요율을 참조해서 상품을 개발한다.

손해보험회사는 생명보험회사보다 먼저 실손의료보험을 판매해 왔다. 그래서 과거부터 수집하고 집계한 각종 위험률 등의 데이터가 보다 더 많기 때문에 이를 바탕으로 더 정확하게 보험료를 산출할 가능성이 높다. 그렇다고 해서 생명보험회사의 실손의료보험이 무조건 나쁜 것은 아니다. 보험상품에는 위험률에 안전할증률을 가산할 수 있기 때문에 특정한 보험회사가 더 정확한 보험료를 산출할 수 있다고 해도 여기에 가산되는 안전할증률 때문에 오히려 보험료가 비싸질 가능성도 있는 것이다.

실제로 동일한 보장 조건으로 보험료를 산출해 보면 보험회사에 따라 보험료가 30%까지 차이가 벌어지기도 한다. 그리고 지금 당장 어떤 보험회사의 보험상품이 좋아 보여도 상품 갱신 시 위험률 조정을 통해 보험료가 다시 오를 수 있기 때문에 장기적인 관점에서 보험료가 합리적일 수 있는 보험회사를 선정하는 것도 중요하다.

## 실손의료보험에는 단독형과 종합형이 있다

실손의료보험은 단독형과 종합형으로 구분된다. 단독형 실손의료보험은 실손의료비만 보장하는 보험이며, 종합형은 실손의료비와 추가적인 진단비·수술비·입원비 등 여러 특약을 붙여 보장 범위를 넓힌 것이다. 특약을 붙일수록 보장 범위가 넓어지고 받을 수 있는 보험금도 많아지지만, 그에 비례하여 보험료도 상승한다.

이미 암보험, 종신보험 등 다수의 보장성 보험에 가입한 사람은 단독형 상품에 가입하는 것이 보험료의 부담을 줄일 수 있다. 그리고 종합형으로 가입했지만 보험료가 부담되는 경우, 특약기능 몇 가지를 제외해서 중요한 보장 내용은 계속 유지하며 보험료 부담을 낮추는 것이 좋다.

현재 실손의료보험의 종합형은 더 이상 가입할 수 없다. 이유는 단독형 실손의료보험만 필요한 가입자에게 여러 가지 불필요한 특약을 붙여서 종합형으로 판매하여 보험가입자의 불만을 초래하는 일이 다수 발생하여 금융당국에서 판매를 중단시켰기 때문이다.

## 실손의료보험은 의료비 인플레이션을 이겨 낼 수 있다

정액보상보험과 실비보상보험은 보험사고가 발생했을 때 정해진 보험금을 지급하는가, 실제 손해액을 보험금으로 지급하는가로 단순하게 구분할 수 있다. 하지만 이 두 보상 방법의 차이는 매우 크다. 정액보상의 보험금은 가입 시점에 정해지며, 이는 물가상승률을 반영하지 않는다. 이는 향후 몇 십 년 후 실제로 발생할 수 있는 병원비와 물가를 반영하지 못할 가능성도 있다는 뜻이다. 하지만 실제 발생하는 의료비를 보상하는 실손의료보험은 다르다. 실제 발생한 의료비를 보상 한도인 1억 원 또는 5천만 원 안에서 보상하므로 병원비가 상승해도 한도 내에서 보험금을 지급한다. 그래서 실손의료보험은 보상 한도가 매우 중요하다.

실손의료보험 중 만기가 10년 또는 15년으로 정해진 상품이 있다. 해당 실손의료보험은 만기가 되면 다시 실손의료보험에 재가입할 수 있는데, 그 시점에 해당 보험회사에 더 좋은 조건의 실손의료보험이 있을 경우 변경할 수 있다. 다만, 이전 보험 기간 중 질병이나 신규 가입이 불가능한 요건이 있다면 더 좋은 조건의 실손의료보험으로 변경하지 못한다. 하지만 기존 가입 조건은 그대로 유지할 수 있기 때문에 재가입이 안 되는 일은 없다.

## 중복보장은 실손의료비 영역만 중복이 안 된다

다수의 보험을 가입했을 경우, 보장 내용이 중복되더라도 대부분 중복해서 보장받을 수 있다. 중복 보장이 안 되는 부분은 실손의료비 부분이다. 입원비를 지급하는 입원 일당도 2개 이상의 보험에 가입했어도 중복 보장을 받을 수 있다. 만약 2개의 종합형 실손의료보험을 가입했다면 실손의료비 부분만 제외하고 모두 중복으로 보장받을 수 있다. 그리고 중복되는 실손의료비 영역만 부분 해약할 수 있다. 실손의료보험은 일정 기간마다 보험료가 상승할 수 있는 갱신형이기 때문에 나이가 들수록 보험료가 급격히 높아질 수 있다. 하지만 다른 보장 부분은 그렇지 않으므로 나이가 들어 보험료가 부담된다면 실손의료 보장부분만 부분 해약해 보험료에 대한 부담을 줄일 수 있다. 다만, 나이가 들수록 발생하는 의료비가 점차 높아지기 때문에 실손의료보험의 활용도가 높을 수 있음을 알아 두자. 갱신 시 보험료가 많이 높아졌다고 해서 보험계약 자체를 해약한다면, 납입이 종료되었거나 갱신되지 않는 보장까지 해약되기 때문에 나중에 후회할 수 있다.

특약을 해지한다고 해서 보험계약이 해지되는 것이 아니다. 또 다수의 특약 중 1~2개만 부분적으로 해약하는 것도 가능하다. 그러므로 보험을 해약하기 전 특약을 부분적으로 정리해서 유지할 수 있는지도 점검해 볼 필요가 있다.

## 착한 실손의료보험이 출시되었다

2017년 4월부터 착한 실손의료보험이 출시되었다. 과잉 진료의 우려가 크거나 불필요한 비용을 유발하였던 항목들을 별도의 특약으로 분리한 것이다. 기본보장항목과 특약을 모두 가입하면 보장 범위는 기존 실손의료보험과 동일해지지만 보험료는 약 16% 저렴하다. 다만, 특약에 한하여 보험가입자가 직접 부담해야 하는 금액은 발생의료비의 30%이다.

착한 실손의료보험을 가입한 후 2년 이상 보험금 청구한 적이 없다면 보험료가 10% 이상 할인된다. 그리고 이미 실손의료보험을 보유하고 있다면 최소한의 심사만을 거쳐 착한 실손의료보험으로 변경할 수 있다. 다만, 보험료는 저렴해지지만 보장의 범위와 혜택은 과거 상품이 더 좋을 수 있음을 유의하자.

### 월 보험료 예시(40세 대상, 회사별 보험료의 평균치)

| 구분 | | 현행 상품 | 신상품 | | | | |
|---|---|---|---|---|---|---|---|
| | | | 기본형 | 특약1 | 특약2 | 특약3 | 종합 |
| 전체 | 남 | 월 17,430원 | 월 11,275원 (35.3%) | 1,182원 | 603원 | 1,509원 | 월 14,569원 (16.4%) |
| | 여 | 월 21,632원 | 월 13,854원 (36.0%) | 1,612원 | 757원 | 1,875원 | 월 18,098원 (16.3%) |

* 특약1: 도수·제외충격파·증식치료, 특약2: 비급여주사제, 특약3: 비급여 MRI검사

### 상품구조 개편

| (舊) 실손 | 대다수 질병·상해에 대한 진료행위 (기본형+특약1 2 3의 보장범위와 동일) | → | 기본형 | 대다수 질병·상해에 대한 진료행위 |
|---|---|---|---|---|
| | | | 특약1 | 도수치료·체외 충격파·증식치료 |
| | | | 특약2 | 비급여 주사제 |
| | | | 특약3 | 비급여 MRI |

## 알아 두면 쓸 데 있는 보험 상식

### ☑ 회사에서 단체보험으로 실손의료보험에 가입되어 있다면 중복 보장받을 수 있을까?

개인단체 구분 없이 실손의료비 영역은 중복 보장이 되지 않는다. 그래서 2개 이상의 실손의료보험을 보유하고 있다면 모두 유지할 필요가 없기 때문에 해약을 고민하게 된다. 소속되어 있는 회사에서 복지차원에서 가입해주는 단체실손의료보험이 있다면, 본인의 비용이 들지 않기 때문에 대부분 개인이 가입한 실손의료보험 해약을 고려한다.

보유한 실손의료보험을 해약할 때 고려해야 할 사항이 있다. 회사에서 가입해준 단체실손의료보험은 매년 상품이 변경되기 때문에 상품조건이 과거보다 안 좋아질 수 있다. 반면에 본인이 가입한 실손의료보험은 보험료만 다를 뿐 과거의 유리한 조건으로 보장을 그대로 유지할 수 있다. 만약 본인의 실손의료보험을 해약한다면, 당장 불필요한 보험료는 줄일 수 있다. 하지만 나중에 퇴사를 하거나 회사의 복지정책이 변경되어 단체실손의료보험을 더 이상 지원해주지 않는다면, 다시 개인적으로 실손의료보험을 가입해야 한다. 그렇게 되면 본인이 과거에 가입했던 조건보다 불리하게 가입하게 될 가능성이 높다. 심지어 병력 등이 있어 실손의료보험 가입이 거절될 수도 있다.

실제로 과거에는 이러한 사항들이 문제가 되었지만, 지금은 제도적으로 개선이 되어 보험료를 납입하지 않으면서 보험을 유지할 수 있게 되었다. 실손의료보험을 중복으로 가입되어 있다면 중복된 보험에 대해 납입일시중지를 시킬 수 있게 되었기 때문이다. 그래서 소속된 회사에서 단체실손의료보험 혜택을 받지 못하게 되어도 본인의 실손의료보험을 다시 활용할 수 있다.

## Level 2

## 9 갱신형 보험과 비갱신형 보험 활용법

보험은 보험료 갱신 여부에 따라 비갱신형 보험과 갱신형 보험으로 구분된다. 두 종류 중에 어느 하나가 절대적으로 유리한 것은 아니다. 보험 가입자의 여건에 따라 비갱신형 보험이 적합할 수도 있고, 갱신형보험이 적합할 수도 있다. 각각의 장·단점이 있기 때문에 비갱신형과 갱신형의 차이점을 명확히 알아야 제대로 보험을 활용할 수 있다.

### 비갱신형 보험과 갱신형 보험

비갱신형 보험이란, 보험 기간을 10년 이상 또는 종신으로 설정한 후 보험 기간의 평균적인 위험률을 적용하여 보험료를 산출하는 보험이다. 보험료는 매월 또는 매년 동일하며 변동하지 않는다.

갱신형 보험이란, 보험 기간을 1년, 3년, 5년 주기로 정하고 정한 기간이 지나면 연령 및 위험률을 다시 적용하여 보험료를 재산출하여 갱신하는 형태의 보험이다. 보험료는 갱신될 때마다 상승하는 경우가 많으며,

나이가 많아질수록 위험률이 급격히 높아지므로 보험료가 크게 상승하기도 한다. 주로 실손의료보험과 질병보험 그리고 정기보험에 적용된다.

## 갱신형 보험이라고 해서 무조건 보험료가 오르는 것은 아니다

실손의료보험의 경우 의료비의 상승과 보험대상자인 피보험자의 연령 증가, 위험률의 증가 등으로 인해 갱신 시점에 보험료가 크게 오를 수 있다.

### 참조위험률 개정 및 증감 현황

| 구분 | | 제1회 | 제2회 | 제3회 | 제4회 | 제5회 | 제6회 |
|---|---|---|---|---|---|---|---|
| 적용시기 | | 89년~91년 | 91년~96년 | 97년~02년 | 02년~06년 | 06년~09년 | 09년~12년 |
| 위험률 증감 | 사망률 | | -21% | -16% | -27% | -20% | -12% |
| | 암발생률 | | | | +1% | +5% | +53% |

출처: 금융감독원

반대로 위 표에서 보는 바와 같이 사망을 담보로 하는 정기보험의 경우에는 의료기술의 발달 등으로 인하여 사망률이 하락하고 있는 추세이기 때문에 갱신 시점에 최초 가입 시점 대비 보험료가 낮아질 가능성이 높다. 따라서 위험률이 점차 감소하는 보장은 갱신형 보험으로 가입하는 것이 보험가입자에게 보다 더 유리할 수 있다. 반대로 위험률이 지속적으로 상승할 가능성 높은 보장은 비갱신형 보험으로 가입하는 것이 유리할 수 있다.

일반적으로 연령이 높아질수록 일정 구간에서 위험률이 급격히 높아지는 모습을 보인다. 그래서 연령이 낮을 때 가입하면 일정 기간 동안에는 보험료가 낮게 책정되지만, 나이가 65세가 넘어갈 때부터는 위험률이 급격히 상승하기 때문에 갱신 시마다 보험료가 부담스러울 정도로 높아질 수 있다. 더군다나 나이가 들어 소득이 없는 상황이 된다면 매월 납입하는 보험료가 부담스러워 중도에 해약을 고민하게 될 가능성이 높다.

### 경과 기간별 실손의료비 담보 갱신보험료(예시)

| 경과기간(연) | | 1 | 4 | 7 | 10 | 13 | 16 | 19 |
|---|---|---|---|---|---|---|---|---|
| 연령증가 반영 | | 8,194 | 9,403 | 10,839 | 12,955 | 15,671 | 18,714 | 22,451 |
| | 증가율 | | 14.8 | 15.3 | 19.5 | 21.0 | 19.4 | 20.0 |
| 연령증가+10% 위험률 증가 반영 | | 8,194 | 10,343 | 13,115 | 17,243 | 22,944 | 30,139 | 39,773 |
| | 증가율 | | 26.2 | 26.8 | 31.5 | 33.1 | 31.4 | 32.0 |

\* 40세 기준(100세 만기), 종합입원의료비(5천만 원), 종합통원의료비(50만 원, 외래 25만 원, 약제 5만 원) 담보 위험보험료(3년마다 갱신)

출처: 금융감독원

이처럼 갱신형 보험은 나이가 많아질수록 보험료가 높아지기 때문에 종신토록 보유할 보험으로는 적합하지 않을 수 있다. 반대로 초기에 보험료가 저렴하기 때문에 일정 기간 동안만을 보장받기 원한다면 갱신형 보험이 보험가입자에게 보다 더 유리할 수 있다. 그리고 위험률이 점차 하락할 가능성이 높은 보장 항목은 갱신형 보험으로 가입하는 것이 더 유리할 수 있다.

## 알아 두면 쓸 데 있는 보험 상식

### ☑ 실손의료보험은 보험회사에게 계륵이다?

계륵은 '닭의 갈빗대'라는 뜻으로, 먹기에는 양이 충분치 않고 버리기에는 아까워 이러지도 저러지도 못하는 것을 의미한다.

우리나라의 국민 3,200만 명이 가입할 정도로 많이 가입한 실손의료보험. 우리나라에서 실손의료보험을 취급하는 보험회사는 2019년 9월 기준 생명보험회사 9개, 손해보험 회사 10개이다. 이 중 외국계보험회사는 2개만 실손의료보험을 판매하고 나머지 외국계보험회사들은 실손의료보험 판매를 중단하거나 처음부터 판매하지 않았다.

판매하지 않는 이유는 단순하다. 보험회사에 수익은커녕 손해를 더 많이 안겨 줄 수 있는 상품이기 때문이다. 더군다나 2017년 4월에 '착한실손보험'이라고 불리는 신 실손의료보험이 출시되면서 실손의료보험 판매를 중단한 보험회사도 추가로 있을 정도로 보험회사에게는 계륵과 같은 상품이다. 이는 실손의료보험을 판매한 보험설계사 입장에서도 마찬가지다. 실손의료보험 판매를 통해 받을 수 있는 수수료는 월 1천 원도 안되지만 보험 판매 후 가장 많은 문의를 받는 보험 중 하나이기 때문이다.

Level 2

## 10. 전세보증금도 보험으로 보장받을 수 있다?

요즘 주택 가격이 많이 올라서 고민이다. 주택 가격이 비싼 만큼 전세보증금도 비싸다. 비싼 만큼 많은 부담을 안고 전세계약을 맺어야 한다. 그런데 전세로 살고 있는 집이 경매로 넘어가거나 집주인이 전세금 반환을 못하는 상황이 발생하면 전세보증금을 돌려받지 못할 수도 있는 위험이 발생한다. 피땀 흘려 모은 소중한 자산을 못 돌려 받을 수 있는 상황이 발생하게 되는 것이다. 이러한 상황에서 전세금 보증보험을 활용하면 전세금을 안전하게 되돌려받을 수 있다.

### 내 전세금을 지켜주는 보험이 있다

집 가격이 하락하면 집주인도 부담이 되지만 세입자들도 이로 인해 피해를 볼 가능성이 생긴다. 집 주인이 세입자를 계속 구하지 못하게 되거나 집 가격이 전세가격보다 하락하는 역전세 현상이 나타날 경우 전세금을 못 받을 수 있는 상황에 처할 수 있게 되기 때문이다. 이렇게 전세금을 못 받는 상황에 처해 있을 때 전세금 보증보험에 가입되어 있으면 한 달 안에 보험회사에서 집주인 대신 전세금을 되돌려준다.

전세금 보증보험이란, 전세 계약 기간이 종료되었는데도 불구하고 집주인이 전세금 반환을 하지 않거나 주택이 경매로 넘어가서 전세금을 전부 돌려받지 못할 때 보증기관이 이를 보장해 주는 보험상품이다.

전세금 보증보험은 공기업이 운영하는 주택도시보증공사(HUG)의 전세보증금 반환 보증보험과 민간기업이 운영하는 SGI서울보증의 전세금 보장 신용보험이 있다. 주택도시보증공사의 전세보증금 반환보험은 수도권 7억 원, 지방은 5억 원까지 전세보증금을 보호받을 수 있다. 그리고 2017년 3월부터 보증보험료를 낮추었고 신혼부부나 다자녀가구, 고령가구 등은 추가 할인까지 가능하여 기존보다 저렴하게 전세보증금 반환보험을 가입할 수 있게 되었다. 전세금이 7억 원을 초과한다면 민간기업이 운영하는 SGI서울보증의 전세금 보장 신용보험을 이용하면 된다. 해당 보험은 보증보험료가 주택도시보증공사의 전세보증금 반환보험보다 비싸지만 가입 한도가 없다는 장점이 있다.

기존에는 집주인의 동의를 받아야 하는 번거로움이 있었고, 집주인이 전세금 보증보험가입을 거부하면 보증보험에 가입할 수 없었다. 이 문제는 2017년 6월 하순부터 집주인의 동의가 없어도 전세보증보험에 가입 가능하도록 제도가 변경되어 피해가 발생할 가능성이 현저히 줄어들었다.

## 전세금보험 (전세보증금 반환보증) 기관 별 비교

| 구분 | | 주택도시보증공사(HUG) | SGI서울보증보험 |
|---|---|---|---|
| 상품명 | | 전세보증금 반환보증 | 전세금보장 신용보험 |
| 보증금 한도 | | 수도권 : 7억 원<br>지방 : 5억 원 | 아파트 : 무제한<br>아파트 외 : 10억 원 |
| 보증료 (연) | 개인 | 아파트 : 0.128%<br>그 외 : 0.154% | 아파트 : 0.192%<br>그 외 : 0.218% |
| | 법인 | 아파트 : 0.205%<br>그 외 : 0.222% | |
| | 할인 | 연소득 4,000만 원 이하,<br>3자녀 이상, 장애인, 노인부양<br>가구 등 : 40% 할인 | LTV 구간 별 할인<br>LTV 60% 이하 : 20%<br>LTV 50 이하 : 30% |
| 임대인 확인절차 | | 불필요 | 불필요 |

## 알아 두면 쓸 데 있는 보험 상식

### ☑ 전세로 입주 시 전입신고를 하고 확정일자까지 받으면 전세금을 돌려받을 수 있는데 꼭 전세금 보증보험이 필요할까?

전입신고와 확정일자까지 받아 놓으면 만일의 상황이 생기더라도 전세금을 못 받을 위험은 현저히 줄어든다. 하지만 문제는 집주인이 전세금을 돌려주어야 받을 수 있고, 돌려주지 않는다면 계속해서 기다려야 한다는 것이다. 기다리면 언젠가는 받을 수 있겠지만 기다리는 동안 전세금을 받지 못할 것 같은 불안함은 떨치기 힘들 것이다. 게다가 경매로 집이 싸게 낙찰되어 넘어가면 전세금을 모두 돌려받지 못하게 될 수도 있다. 하지만 전세금 보증보험을 가입하면 한 달 이내에 전세금을 돌려받을 수 있고, 또 경매에 들어간다고 해도 모두 돌려받을 수 있으니 걱정을 덜 수 있다.

주택도시보증공사의 전세금보험은 전체로 가입하지 않고 부분적으로만 가입도 가능하다. 즉, 내가 전세로 살고 있는 집이 경매로 싸게 낙찰되어 넘어가게 된다 하더라도 어느 정도 전세보증금은 돌려받을 수 있기 때문에 보험료가 부담된다면 부분적으로 보험을 가입해서 보험료를 낮추는 것도 좋은 방법이 될 수 있다.

Level 2

## 11 동일한 보험에 가입해도 보험료를 아끼는 방법이 있다

### ① 건강 특약

'티끌 모아 태산'이라는 속담이 있다. 이 속담은 아주 작은 티끌이라도 쌓이고 쌓이면 산처럼 커지는 것처럼 작은 것이라도 계속해서 모으면 큰 것을 만들 수 있다는 의미를 담고 있다.

보험은 장기간 보험료를 납입해야 하는 상품이다. 따라서 보험료를 할인받을 수 있다면 최대한 받는 것이 좋다. 보험상품의 납입기간이 10년 이상임을 감안할 때 할인되는 금액이 많지 않더라도 누적되면 무시할 수 없는 금액이 되기 때문이다.

보험상품은 기본적으로 수지상등의 원칙과 대수의 법칙이 적용되어 상품이 개발되어 진다.

수지상등의 원칙은 보험가입자로부터 보험회사가 받은 보험료와 보험회사가 보험가입자에게 보험금으로 지급하는 금액이 일치하도록 하는 것을 말한다. 대수의 법칙은 확률을 말한다. 개인의 사고위험은 정확히 알 수 없지만, 다수의 사고위험은 몇 퍼센트의 확률로 발생할 수 있는지 어느정도 예측할 수 있기 때문이다.

이렇게 수지상등의 원칙과 대수의 법칙이 적용되어 만들어진 보험상품에는 불특정다수가 가입하게 된다. 하지만 모두가 동일한 환경에 동일한 건강을 가진 사람들이 가입하는 것은 아니다. 건강한 사람도 있고 그렇지 않은 사람도 있고 사고의 위험이 큰 일을 하는 사람도 있고 사고의 위험이 낮은 일을 하는 사람도 있다. 보험상품은 이러한 다양한 사람들을 평균을 내어 보험료와 보험금을 결정한다. 이렇게 모두가 각자 처한 상황이 다른 상태에서 보험에 가입하게 되면 평균보다 건강한 사람은 그렇지 않은 사람에 비해 상대적으로 불리하게 보험을 가입하게 된다. 그 반대로 평균보다 건강하지 않은 사람은 더욱 유리하게 가입하게 된다. 그러면 건강한 사람은 보험으로 손해를 볼 가능성이 높아져 보험가입을 꺼려하게 되고 오히려 건강하지 않은 사람들이 보험을 더 가입하게 될 가능성이 높아지게 된다. 그렇게 되면 보험회사 입장에서는 최초 예측보다 보험금 지급확률이 높아져 더 많은 보험금을 지급해야 하는 상황에 처하게 될 수 있게 된다. 그래서 보험회사에서는 평균보다 건강하거나 보험금 지급확률이 낮은 보험가입자를 우량체 또는 건강체로 분류하여 일정 수준의 보험료를 할인 혜택을 준다. 그렇게 함으로써 건강한 가입자들을 더욱 많이 유치할 수 있도록 노력을 한다. 보험회사 입장에서는 건강한 사람이 많이 가입할수록 위험률도 낮아져 보험금을 지급할 확률이 낮아지게 된다. 장기적으로 건강한 사람이 많이 가입할수록 보험회사는 받은 보험료 대비 지급하는 보험금이 더 낮아져 보험회사에 더 유리하게 되는 것이다. 그래서 보험회사는 건강한 사람이 더 많이 보험가입을 할 수 있도록 여러 가지 할인 특약을 적용하는 것이다. 이는 보험가입자 입장에서도 유리하다. 동일한 보험에 가입하더라도 건강상태에 따라 보험료를 할인받을 수 있다면 보험가입자 입장에서도 보험료를 절약할 수 있어 이득이 될 수 있기 때문이다.

보험에는 다양한 할인 특약이 존재하는데 어떤 종류의 할인 특약들이 있는지 알아보자.

## 건강하면 할인 받는 건강인 할인 특약

건강인 할인 특약은 사망 또는 질병을 주된 보장으로 하는 보장성보험에만 적용되는 특약이다. 할인 시점은 최초 가입 시점뿐만 아니라 보험 기간 중에 건강인 요건을 증명하면 건강인 할인 특약이 적용된다. 요건으로는 비흡연자·정상 혈압·정상 체중·특별한 항목의 예방주사 등이 있다. 이런 할인 특약을 적용하는 이유가 있다. 보험사고 발생 확률에 따라 보험료가 다르게 산정되는데 일반적으로 건강한 사람들이 질병 발병 확률이 낮기 때문이다. 예를 들면, 담배를 피우지 않는 사람은 담배를 피우는 사람보다 위험률이 낮다. 그러므로 상대적으로 저렴한 보험료를 적용하는 것이다. 혈압이 정상인 사람과 체중이 평균인 사람도 혈압이 높거나 과체중인 사람보다 위험률이 낮아서 동일하게 저렴한 보험료를 적용받을 수 있다.

### 🔍 금연을 하면 할인 받을 수 있는 보험료 할인 특약

흡연자는 비흡연자보다 질병에 노출될 확률이 상대적으로 높다. 따라서 비흡연자에게는 일정 수준의 보험료 할인 혜택을 부여한다. 만약 과거에 본인이 담배를 피운 상태에서 보험에 가입했다면, 지금이라도 금연하면 보험료를 할인받을 수 있는지 한번 체크해 보는 것도 좋다. 만약 할인받을 수 있다면 보험회사를 통해 흡연검사를 받게 되거나 보험가입자가 금연했다는 검진기록을 제출하면 그때부터 보험료 할인 혜택을 받을 수 있다.

### 🔍 특정한 예방접종을 하면 할인 받을 수 있는 할인 특약

여성의 경우 자궁경부암 예방접종을 하면 특정 암의 발병이 낮아진다. 따라서 특정상품의 경우 특정 예방접종 여부에 따라 보험료를 할인받을 수 있다. 또 일정 기간 보험금 청구를 하지 않으면 보험료를 할인받을 수 있는 할인 특약도 있다.

### 🔍 무사고자 보험료 할인 특약

자동차보험 또는 운전자보험 등에 가입한 후 보험회사에서 정한 일정 기간 동안 사고가 없어 보험금을 수령하지 않은 경우에는 보험료를 할인받을 수 있다. 일반적으로 보험료 할인수준은 1~10% 수준이다. 보험료 할인 요건에 해당할 경우에는 보험회사가 보험개발원 전산망을 통하여 전체 보험회사의 보험금 지급 내역 조회를 통해 '無사고' 여부를 확인한다. 그 후 보험 가입 시나 보험 갱신 시에 자동으로 할인을 적용한다. 따라서 별도로 할인을 신청할 필요는 없다. 다만, 상품마다 할인 폭 및 요건이 다를 수 있으므로 사전에 확인할 필요가 있다.

2017년 4월 이후 판매된 신 실손의료보험에 가입한 후, 직전 2년 동안 비급여항목의 의료비에 대한 보험금을 수령하지 않았을 경우에는 그다음 연도부터 1년간 보험료를 10% 이상 할인받을 수 있다. 해당 할인은 별도로 보험회사에 청구하지 않아도 자동으로 적용된다. 2017년 4월 이전에 가입한 구 실손의료보험에는 적용되지 않는다.

이처럼 건강하거나 사고위험이 낮다면 보험상품 가입 시 우리가 매월 납입하는 보험료의 일정 부분을 할인받을 수 있다. 그러므로 본인이 가입한 보험도 할인받을 수 있는지 확인해 볼 필요가 있겠다.

② 기타 특약

보험료 할인 특약은 꼭 건강해야만 적용받을 수 있는 것은 아니다. 이 외에도 다양한 할인 특약이 존재한다.

### 가족이 가입하면 할인 받을 수 있는 특약

가족이 동일한 보험에 동시에 가입하는 경우에는 할인받을 수 있는 특약이 있다.

해당 요건을 충족하였을 경우 납입보험료의 10% 수준을 할인 받을 수 있다. 보험상품에 따라 가족 모두가 동시에 가입하는 조건 또는 추가로 가족이 가입했을 때에만 할인하는 조건 등 모두 다를 수 있으므로 사전에 해당 특약이 있는지와 조건을 확인할 필요가 있다.

### 🔍 다자녀가 가입하면 할인 받을 수 있는 특약

두 명의 자녀 이상이 보험을 가입하면 우대 받을 수 있는 특약이 있다.

'다자녀가정 우대특약'이라고 불리는 이 특약은, 사망을 보험금 지급 사유로 하지 않는 계약(어린이보험 등) 중 피보험자(자녀)의 나이가 25세 이하이고, 피보험자의 형제자매가 두 명(피보험자 포함) 이상이면 보험료를 일정 비율(0.5~5%) 할인받을 수 있는 특약이다. 해당 특약 가입 시 가족관계증명서나 주민등록등본 등을 보험회사에 제출하여야 하며 입양 및 재혼가정 등도 가족관계증명서에 등재된 자녀가 두 명 이상이면 할인혜택을 받을 수 있다. 대체로 자녀의 수가 많을수록 높은 할인율이 적용된다.

### 🔍 장애인 가족을 우대하는 특약

장애인 가족이 가입하면 우대받을 수 있는 특약이 있다.

'장애인가족 우대특약'은 보험계약자가 「장애인복지법」 제32조(장애인의 등록)에 의거하여 등록된 장애인 및 그 배우자인 경우 보험료를 할인(2~5%) 받을 수 있는 특약이다. 특약에 가입하기 위해서는 장애인등록증, 주민등록등본 등을 제출하여야 한다.

### 🔍 부모님을 대상으로 보험가입하면 할인 받을 수 있는 특약

부모님에게 보험을 가입시켜 주면 보험료를 할인받을 수 있는 특약이 있다.

'부모사랑특약'이라고도 불리는 이 특약은, 보험계약자가 본인의 가족관계등록부상 또는 주민등록상의 부모(배우자의 부모 포함)를 피보험자 및 보험수익자로 하여 보험계약을 체결하는 경우, 1~2%의 보험료를 할인해 주는 특약이다. 다만, 피보험자(부모)의 나이가 50세 이상이면서 계약자(자녀)의 나이가 20세 이상이어야 하며 피보험자(부모)와 보험수익자(부모)가 동일해야 한다. 또한, 보험 가입 시 보험료를 한 번에 납입하는 일시납 계약이 아닌 경우에만 할인 혜택이 제공된다. 가족관계증명서 또는 주민등록등본을 제출하여야 특약 가입이 가능하다.

### 🔍 부부가 동시에 가입하면 할인 받을 수 있는 특약

부부가 같이 가입하면 할인 받을 수 있는 특약도 있다.

'부부가입 할인특약'이라고도 불리는 이 특약은, 보험가입 시 본인과 본인의 배우자가 동일한 상품을 동시에 가입하는 경우 보험료를 할인해 주는 특약이다. 가족관계증명서 등을 제출하여 부부관계임을 확인받고, 1~10% 수준의 할인 혜택을 받을 수 있다.

### 🔍 기존 가입자가 추가 가입했을 때 할인 받을 수 있는 특약

기존에 보험상품에 가입한 보험가입자가 동일한 보험회사의 보험상품에 가입했을 경우 할인받을 수 있는 특약이 있다.

보험계약 당시 보험계약자가 해당 보험회사의 다른 보험상품에 가입되어 있는 경우 보험료를 1~14%를 할인해 주는 특약으로, 가입 당시 보험회사에 정보 확인을 요청하여 할인 혜택을 받을 수 있다.

### 🔍 보험료를 자동이체할 때 할인 받을 수 있는 특약

보험료 자동이체를 함에 따라 보험료 할인을 받을 수 있는 특약이 있다.

보험료 자동이체가 되지 않으면 보험료가 제때 이체가 되지 않아 보험의 효력이 상실되는 실효가 될 가능성이 높아진다. 보험의 효력이 사라진 상황에서 보험사고가 발생하면 곧 민원으로 이어지기도 한다. 그리고 보험회사 입장에서도 보험료가 제때에 들어오지 못하면 보험계약이 실효된다는 안내문서 등의 발송 등 제반 비용이 발생한다. 그리고 잠재적인 민원가능성도 커진다. 그래서 자동이체를 유도하기 위해 보험료 할인 혜택을 부여하는 것이다. 보험료를 자동이체 할 시에는 납입보험료의 약 1% 수준을 할인해 준다. 다만, 보험료 자동이체를 신청했다고 바로 할인이 적용되는 것은 아니며, 신청 이후 2회차 보험료부터 할인을 받을 수 있다.

## 고액의 보험료를 납입할 때 할인 받을 수 있는 특약

보험가입금액이 많다면 보험료 할인을 받을 수 있는 특약이 있다.

보장성보험뿐만 아니라 저축성보험까지 보험가입금액이 일정 이상 되거나 보험료 납입수준이 일정 금액 이상이 된다면 1~20%의 보험료를 할인해 주는 특약이 있다. 이러한 고액계약 할인 특약은 금액이 높을수록 할인율이 높아지는 것이 특징이다. 따라서 고액 계약의 보험을 체결할 예정이라면 할인율을 확인해 볼 필요가 있다. 또 할인을 받지 않는 대신 그에 상응하는 금액을 추가로 납입해 주는 특약도 있으므로 상품 가입 시 확인해 볼 필요가 있다.

이외에도 보험료를 선납하면 할인을 받을 수 있다. 선납은 보험료를 미리 납부하는 것이다. 보험상품에 따라 보험료를 일정 기간 선납을 하면 일정 수준의 보험료를 할인해 준다.

## 저소득층 우대 및 의료급여 수급권자 특약

저소득층 우대특약은 보험계약자가 「국민기초생활법」 제2조(정의)에서 정한 국민기초생활수급자일 경우, 이를 증명할 수 있는 자료(기초생활수급자 증명서, 소득증빙서류 등)를 제출하면 보험료를 할인(3~8%) 받을 수 있는 특약이다.

또 「의료급여법」 제3조에 근거하여 의료급여 수급권자에 해당한다면 실손의료보험의 보험료를 할인받을 수 있다. 의료급여 수급권자는 생활이 어려운 저소득층 등 의료비 지원을 받는 자를 말한다. 실손의료보장이 되는 보험에 가입했을 경우엔 납입하는 보험료의 약 5% 수준을 할인받을 수 있다.

보험에 가입할 때뿐만 아니라 보험가입 이후에도 수급권자 자격을 취득하였다면 수급권자임을 입증할 증빙서류를 보험회사에 제출하고 보험료를 할인받을 수 있다. 다만, 보험료 납입기간 중 수급권자 자격을 상실하는 경우에는 할인 혜택이 중지된다. 보험가입 시점뿐만 아니라 보험가입 기간 중에도 의료급여법 수급권자여야만 보험료를 할인받을 수 있다.

이처럼 다양한 보험료 할인 특약이 존재한다. 따라서 본인이 가입한 보험에 보험료 할인 특약을 적용받을 수 있는 내용이 있는지 확인해 볼 필요가 있다. 보험상품은 장기간 납입해야 하는 상품이기 때문에 보험료 할인금액이 누적될수록 할인 효과는 더 클 것이다. 우리가 가입한 보험에 혹시나 보험료 할인 특약이 포함되어 있는지 여부와 할인 특약이 있다면 그 조건은 무엇인지 확인해 보자.

참고자료: 금융감독원 금융꿀팁

Level 2

## 12 저축성보험의 다양한 연금수령방법 활용하기

보험상품의 연금수령방법은 타 금융상품보다 더 다양하다. 보험상품의 연금수령방법은 크게 종신연금형·상속연금형·확정연금형 3가지로 나뉜다. 연금수령방법마다 각각의 장·단점이 있어서 연금수령방법을 제대로 알아야만 노후에 본인에게 맞는 연금수령방법을 선택할 수 있다.

### 장수리스크를 대비할 수 있는 종신형연금

종신형연금은 보험대상자가 사망할 때까지 평생 동안 연금을 지급한다. 최초 연금가입시점 또는 연금전환시점의 경험생명표를 적용하여 원금과 이자를 평생 동안 나누어 받는 개념이다. 만약 보험회사가 예측한 수명보다 더 오래 살았다면 더 많은 연금을 받을 수 있다. 따라서 오래 사는 위험에 대비할 수 있는 최적의 연금형태라고 볼 수 있다. 다만, 조기에 사망 시 연금수령기간이 짧아지기 때문에 타 연금수령방법보다 연금액이 적을 수 있으며 원금보다도 적게 받을 수 있음을 알아 두어야 한다. 그래서 조기사망위험을 보완하기 위해 종신형연금에는 최저연금 보증기간을 정할 수 있다. 조기에 사망 시 불이익을 당할 가능성이 크기 때문이다. 만약 연금 최저보증기간 안에 사망하게 된다면, 연금보증기간까지는 유가족들에게 보험회사가 연금을 보증해서 지급한다. 예를 들어, 종신형연금 20년 보증을 선택 후 연금을 수령하다가 5년 만에 사망하였다면, 나머지 15년간은 상속인이 수령할 수 있다. 보증기간은 일반적으로 10년·20년·기대여명·100세 등으로 설정할 수 있다. 보증기간이 길어질수록 보험회사의 위험부담은 높아지므로 연금수령액은 감소한다.

종신형연금은 초기에 많은 연금을 받을 수 있지만 일정 기간 이후에 연금액이 줄어드는 조기지급형과 초기에 적은 연금을 받지만 나이가 들수록 연금수령액이 늘어나는 체증형 기능이 추가로 있다. 만약 은퇴초기에 소득단절로 인해 많은 생활비가 필요하거나 국민연금 등의 수령시점이 아직 도래하지 않았다면 조기에 많은 연금액을 지급하고 일정시점 이후에 연금액이 줄어드는 조기지급형을 선택하는 방법도 고민해 볼 필요가 있다. 이와 달리 지금 생활비는 적정하지만 노후에 의료비의 지출이나 물가상승으로 인해 더 많은 연금액이 필요할 것으로 판단된다면 연금액이 점차 증가하는 체증형을 선택하는 것도 좋은 방법이다.

이 외에 부부형 종신연금도 있다. 부부형 종신연금은 부부 모두가 사망할 때까지 연금을 지급하는 연금유형이다. 다만, 부부 중 한 명이 사망 시에는 연금액도 절반으로 줄어든다.

기본적으로 종신형연금은 기대여명과 생존률 등의 통계적인 수치가 반영되는 특성으로 인해 보험의 성격이 가미될 수밖에 없다. 그래서 보험회사 상품에 한해서만 종신형연금을 가입할 수 있다. 종신형연금의 단점은 연금지급이 시작되면 중도에 중지하거나 연금을 찾을 수 없다는 것이다. 그래서 실제 종신형연금을 선택하는 비율이 타 연금형보다 낮은 편이다. 최근 들어서는 오래 사는 위험이 점차 증가하고 있기 때문에 종신형연금의 선택비율이 차츰 높아지고 있는 추세이다.

### 상속의 준비와 연금을 함께 준비할 수 있는 상속형연금

상속형연금은 원금 또는 연금개시 전에 발생한 이자를 포함한 원리금을 기준으로 연금을 지급하는 유형이다. 원금 또는 원리금을 그대로 두고 연금개시시점부터 발생하는 이자만을 연금으로 지급하는 연금형태이기 때문에 연금 수령 중 사망 시 쌓인 목돈을 상속해 줄 수 있다. 그리고 해약이 가능하므로 언제든지 해지해서 목돈을 수령할 수 있다. 다만, 목돈은 그대로 두고 이자만 지급하기 때문에 지급받을 수 있는 연금액은 타 연금형태 보다 적은 편이다. 그리고 공시이율 변동에 따라 월 이자 금액이 크게 변동할 수 있다.

2019년 2월 기준 가입 한 다음달 부터 연금수령이 가능한 즉시연금을 상속연금형으로 가입했을 경우 2019년 9월 기준 1억 원당 약 17~18만 원 수준(공시이율 2.5% 수준)의 연금을 받을 수 있다.

## 🔍 정해진 기간 동안 원금과 이자를 함께 받는 확정형 연금

확정형 연금은 원금과 이자를 정한 기간 동안 나눠 받는 연금형태이다. 단기에 원금과 이자를 나눠 받기 때문에 타 연금유형 대비 가장 많은 연금을 수령할 수 있는 연금형태이다. 다만, 정해진 기간 동안에 한해서만 수령이 가능하기 때문에 오래 사는 위험에 취약하다는 단점이 있다. 연금지급기간이 종료되면 더 이상 연금을 받을 수 없기 때문이다. 연금 수령기간은 5년·10년·20년·30년 등으로 설정할 수 있다. 현재 저축성보험 비과세요건에는 10년을 유지하기 전 확정된 기간 동안 원리금을 연금으로 수령 시에는 제외되어 비과세 혜택을 받지 못한다. 따라서 비과세 혜택을 받기 원한다면 10년 유지 후 확정형 연금으로 수령해야 한다.

이외에도 보험상품 중에는 위의 연금형태를 혼합하여 연금을 개시할 수 있는 상품이 있다. 종신형연금 70%, 상속형연금 30%와 같이 비율별로도 지정할 수 있어 일정 수준 목돈이 필요한 가입자들이나 각자 상황에 맞게 연금수령 방법을 선택할 수 있다. 다만, 연금이 개시되면 더 이상 연금개시방법에 대한 변경이 불가하다. 각 보험상품마다 연금수령조건은 다를 수 있으므로 연금개시 전에 확인할 필요가 있다.

이처럼 연금 수령 방법에도 다양한 방법이 있으므로 각 연금의 장·단점을 파악한 후, 본인에게 맞는 연금 수령 방법을 선택할 필요가 있다. 연금 수령 방법은 대부분 연금 개시 시점에 재선택이 가능하므로 중도에 언제든 변경이 가능하다. 그리고 보험상품의 연금수령액은 최초 보험

가입 시 사업비가 차감된 후 공시이율과 최저보증이율이 적용된다는 것과 연금이 개시된 이후에는 연금 수령 방법 변경이 불가능하다는 것을 알아 두자.

## 알아 두면 쓸 데 있는 보험 상식

### ☑ 일본 보험회사의 연금에는 종신형 연금이 사라지고 있다?

우리나라보다 고령인구가 많은 일본 보험회사의 연금지급방식은 우리나라의 연금지급방식처럼 다양하지 않다. 우리나라의 보험회사는 종신형 연금과 상속형 연금, 확정형 연금 3가지와 이 3가지를 혼합한 형태의 연금까지 취급한다. 하지만 일본의 보험회사는 확정형 연금만을 대부분 취급하고 종신형 연금은 제한된 요건에 한해서만 취급한다. 그리고 상속형 연금은 지금은 취급하지 않는다.

연금형태가 우리나라에 비해 다양하지 않은 이유는 간단하다. 해당 연금형태에서 손실을 많이 보았거나 향후 손실이 클 것으로 예상하기 때문이다. 일본은 우리나라보다 먼저 고령사회에 도달했다. 그리고 시중금리도 오래 전부터 제로금리에서 벗어나지 못하고 있다. 그래서 상품을 개발할 때 적용했던 예상 기대여명과 예상 이율 등이 보험회사에 불리하게 적용되어 일본의 보험회사들은 적자폭이 점차 증가하게 되었다.

현재 일본의 보험회사에서 상속형 연금을 취급하지 않는 이유는 금리 때문이다. 상속형 연금은 원금은 그대로 두고 이자를 연금으로 지급하는 방식이다. 그런데 제로금리에서 이자가 발생하지 않거나 미미하여 연금을 지급할 수 없는 것이다.

종신형 연금도 제한적으로 취급한다. 연금상품은 대부분 가입시점의 경험생명표를 적용한다. 그래서 최초 예측보다 오래 생존하거나 예측한 금리보다 시중금리가 낮아지면 보험회사는 큰 손실이 발생할 수 있다. 예를 들어, 처음엔 80세까지 지급하면 되는 것으로 예상해서 보험료를 받았는데 보험가입자가 100세까지 생존해 버려 20년을 추가로 연금을 지급해야 하는 상황이 되면 보험회사에게는 큰 손실이다. 또 보험료를 받아서 연금으로 지급할 때까지 일정 수준의 이율로 운용이 가능할 줄 알

았으나 금리가 급락하여 충분한 연금재원을 만들지 못한 상태로 약정한 연금을 지급하게 되면 이 또한 보험회사에게는 손실이다. 실제로 일본의 보험회사들은 이러한 문제로 문을 닫게 되는 경우도 발생했었다.

그래서 일본 보험회사 중 종신형 연금을 취급하는 보험회사는 거의 없으며, 종신형 연금을 취급하더라도 가입시점이 아닌 연금개시시점의 기대여명과 이율을 적용하여 연금액을 정하는 형태로만 종신형 연금을 취급하고 있다. 그리고 보험가입자의 조기 사망을 대비하여 보험회사가 보장해 주는 최저보증기간 또한 우리나라는 100세까지 최저보증을 하지만 일본은 10년까지만 보장을 해 준다.

일본과 닮아 가고 있는 우리나라도 일본의 보험회사처럼 상속형 연금과 종신형 연금이 사라지는 날이 오게 되는 것은 아닐까?

I n
n c e
SIDE MAIN TITLE
2016
2014
2015
2013
02
04
05
PRESENTATION
TEMPLAT

Level 3

# 보험, 이것만은 유의하자

Level 3

# 1 불리한 내용도 보험가입 할 때 반드시 알려야 한다

보험가입 시 보험가입자가 필수적으로 작성해야 하는 서류 중 하나는 보험청약서이다. 이 청약서에는 여러가지 질문 항목이 있는데, 보험대상자가 되는 피보험자의 직업·성별·나이·과거 병력·주량·흡연 유무·오토바이 탑승 여부 등에 대해 작성하도록 되어 있다. 보험청약을 하는 보험가입자는 질문 항목에 사실대로 기재해야 하는데, 이를 가리켜 '보험계약 전 알릴 의무' 또는 '고지의무'라고 한다. 보험계약 전 알릴 의무를 지켜야 하는 이유는 보험회사가 보험계약의 적정보험금액 및 인수 여부를 결정하는 데 중요하게 적용되기 때문이다.

보험회사가 모든 보험계약자의 정보를 일일이 다 파악하는 것이 불가능하다. 그래서 보험가입자가 작성한 정보와 여러 심사를 거쳐 보험계약을 인수할 것인지 혹은 거절할 것인지를 결정하게 된다.

## 계약 전 알릴 의무를 다하지 않으면 보험금을 못 받을 수 있다

보험가입자가 계약 전 알릴 의무를 위반하는 경우는 꽤 많이 발생한다. 위반하는 이유는 여러가지다. 계약 전 알릴 의무는 중요하지 않다고 판단하는 경우와 어떤 내용까지 알려야 하는지에 대해서 명확히 모르는 경우가 대표적이다. 또 보험계약 청약 시, 있는 사실 그대로 알리게 되면 보험을 가입할 수 없을 것 같아 의도적으로 숨기고 가입하는 경우도 있다.

이렇게 계약 전 알릴 의무를 제대로 이행하지 않은 상태에서 가입된 보험은 나중에 보험사고가 발생했을 때 보험금을 지급받지 못하는 쓸모없는 보험이 되어 버릴 수 있다. 보험회사는 계약 전 알릴 의무를 위반한 경우 보험계약을 해지할 수 있고, 보험계약이 해지되기 전 보험사고가 발생했다고 하더라도 보험금을 지급하지 않을 수 있기 때문이다. 다만, 알릴 의무를 위반하고 보험을 가입하였다 하더라도 계약 전 알릴 의무와 보험사고 간에 관련이 없는 경우에는 보험회사에 의해 보험계약이 해지되기 전에 한하여 해당 보험사고에 대한 보험금은 받을 수 있다. 하지만 해지가 된 이후에는 보장받을 수 없기 때문에 보험 가입 시 계약 전 알릴 의무는 꼭 지켜야 할 필요가 있다.

## 계약 후 알릴 의무도 중요하다

보험에 가입한 이후에도 보험대상자인 피보험자의 직업이 변경되거나 오토바이를 타지 않았다가 타게 된 경우 등과 같이 약관에서 꼭 알려야 한다고 명시한 사항들은 보험회사에 꼭 알려야 한다. 이것을 '보험계약 후 알릴 의무'라고 하는데, 이는 보험대상자의 위험이 변경된 경우 그 위험률에 합당한 보험료를 받기 위함이다. 만약 위험률이 하락했다면 보험료가 하락할 수 있고, 위험률이 상승했다면 보험료가 상승할 수 있다.

보험회사는 알릴 의무에 대한 통보를 받은 날로부터 1개월 이내에 보험료의 증·감액이나 보험계약의 해지를 결정하게 된다. 만약 보험료가 상승하는 것과 해지되는 것을 피하기 위해 계약 후 알릴 의무를 위반하게 되면 마찬가지로 쓸모없는 보험이 되어 버릴 수 있으니 유의해야 한다.

### 상법 제651조 고지의무 위반으로 인한 계약해지

1. 보험계약 당시에 보험계약자 또는 피보험자가 고의 또는 중대한과실로 인하여 중요한 사항을 고지하지 아니하거나 부실하게 고지한 경우 보험자는 그 사실을 안 날로부터 1개월 내, 계약을 체결한 날로부터 3년 내에 한하여 계약을 해지할 수 있다.
2. 그러나 보험자가 계약 당시에 그 사실을 알았거나 중대한 과실로 인하여 알지 못한 때에는 해지할 수 없다.

### 상법 제 652조 위험변경증가의 통지와 계약해지

1. 보험 기간 중에 보험계약자 또는 피보험자가 사고 발생의 위험이 현저하게 변경 또는 증가되었을 때에는 지체 없이 보험자에게 통지하여야 한다. 이를 소홀히 했을 경우 보험자는 그 사실을 안 날로부터 1개월 내에 한하여 계약을 해지할 수 있다.
2. 보험자가 제1항의 위험 변경 증가의 통지를 받은 경우, 1개월 내에 보험료의 증액을 청구하거나 계약을 해지할 수 있다.

보험사고가 발생한 경우 보험가입자가 보험회사에 보험금 지급 신청을 하면, 보험회사는 해당 보험금을 지급하기 전에 가장 먼저 알릴 의무를 위반하진 않았는지부터 조사하기 시작한다. 현재 발생한 질병 등이 보험 가입 전에도 있었는지, 아니면 이후에 생긴 것인지 확인하는 것이다. 보험금을 수령하는 데에 있어 가장 중요한 요소 중에 하나이기 때문에 알릴 의무를 꼭 준수해야 한다.

보험은 위험에 대비하기 위한 가장 효율적인 방법 중 하나이다. 위험에 대비하기 위해 보험가입자는 보험료를 장기간 납입하고, 보험사고 발생 시 보험회사를 통해서 약정한 보험금을 받을 수 있다. 하지만 알릴 의무 위반으로 오랫동안 납입하고 유지한 보험이 휴지조각처럼 쓸모없는 보험이 되어 버린다면 오랜 기간의 세월을 허비한 것과 다름없다. 그러므로 보험가입 전·후에 알릴의무와 고지의무를 꼭 준수해서 불이익을 받는 일이 없도록 해야 한다.

## 계약 전 알릴 의무사항 질문지 (예시)

1. 최근 3개월 이내에 의사로부터 진찰 또는 검사(건강검진 포함)를 통하여 다음과 같은 의료행위를 받은 사실이 있습니까?
   ① 질병확정진단 ② 질병의심소견 ③ 치료 ④ 입원 ⑤ 수술(제왕절개포함) ⑥ 투약

2. 최근 3개월 이내에 마약을 사용하거나 혈압강하제, 신경안정제, 수면제, 각성제(흥분제), 진통제 등 약물을 상시 복용한 사실이 있습니까?

3. 최근 1년 이내에 의사로부터 진찰 또는 검사를 통하여 추가검사(재검사)를 받은 사실이 있습니까?

4. 최근 5년 이내에 의사로부터 진찰 또는 검사를 통하여 다음과 같은 의료행위를 받은 사실이 있습니까?
   ① 입원 ② 수술(제왕절개포함) ③ 계속해서 7일 이상 치료 ④ 계속해서 30일 이상 투약

5. 최근 5년 이내에 아래 10대 질병으로 의사로부터 진찰, 검사를 통하여 다음과 같은 의료행위를 받은 사실이 있습니까?
   - 10대 질병: 암, 백혈병, 고혈압, 협심증, 심근경색, 심장판막증, 간경화증, 뇌졸중증(외경색, 뇌출혈), 당뇨병, 에이즈 및 HIV보균
   - 의료행위: 질병확정진단, 치료, 입원, 수술, 투약

6. 현재 눈, 코, 귀, 언어, 씹는 기능, 정신 및 신경기능의 장애 또는 팔, 다리, 손과발(가락포함), 척추에 손실 및 변형으로 인한 외관상 신체장애가 있습니까?

7. (여성의 경우) 현재 임신중 입니까?

8. 현재 운전을 하고 있습니까?

9. 최근 1년 이내에 다음과 같은 취미를 자주 반복적으로 하고 있거나 관련 자격증을 가지고 있습니까?
   ① 스쿠버다이빙 ② 행글라이딩, 패러글라이딩 ③ 스카이다이빙 ④ 수상스키
   ⑤ 자동차, 오토바이 경주 ⑥ 번지점프 ⑦ 빙벽, 암벽등반 ⑧ 제트스키 ⑨ 리프팅

10. 체격 (키/몸무게)

11. 음주 횟수(1주일 기준)와 음주량 (1회당 소주 기준)

12. 현재 흡연 중인 경우 1일 흡연량과 흡연기간 (현재로부터)

Level 3

## 2. 가입 조건이 까다롭지 않은 보험은 의심해 보자

어떤 광고에 보면, 묻지도 따지지도 않는 보험을 가입할 수 있다고 홍보한다. 실제로 묻지도 따지지도 않는 보험이 존재하고 또 가입도 할 수 있다. 하지만 그만한 이유가 있다. 보장이 제한되거나 납입해야 하는 보험료가 일반 보험 대비 상대적으로 높기 때문이다. 물론 일반 보험가입이 어려울 수 있는 특수한 상황에 있다면 해당 보험의 가입을 고려해 볼 수 있다. 하지만 일반 보험도 가입할 수 있는 일반적인 가입자의 경우에는 보험회사가 묻고 따져서 가입하는 보험을 가입하는 것이 더 유리하다.

### 무심사보험과 무진단보험

묻지도 따지지도 않는 보험상품은 대표적으로 무심사보험과 무진단보험이 있다.

무심사보험은 2006년 7월에 처음 출시된 보험상품이다. 가입 시에 과거 질병 여부 등에 대해 답해야 하는 고지의무가 없고 무조건 묻지도 따지지도 않고 보험을 가입시켜 준다. 그리고 보험가입에 부적합한 사유가 있거나 과거 병력이 있다고 해도 보험회사 측에서 가입을 거절할 수 없는 상품이다. 그래서 과거 병력이 있어도 가입을 할 수 있는 것이다. 하지만 단점이 있다. 무심사보험은 일반적인 보험보다 보험료가 높다. 보험료가 높은 이유는 무심사보험을 가입하는 고객군의 경우 위험률이 높아 그에 비례해서 보험료가 높아질 수밖에 없기 때문이다. 일반적으로 무심사보험은 일반 보험보다 보험료가 약 5배가량 높게 책정된다.

무진단보험은 진단에 대한 절차만 생략할 뿐, 일반적인 보험과 비슷하다. 그래서 고지의무도 필수로 진행해야 한다. 보험회사는 최초 보험가입 시 보험가입자의 고지 내용과 과거 보험금 수령 내역 등을 확인한 후 보험가입을 거절할 수도 있다.

무진단보험의 의미는 진단을 받지 않는다는 의미인데, 이 의미는 보험가입 시 건강검진을 하거나 그 기록을 확인하지 않는다는 말과 같다. 왜 보험회사에서는 진단을 하지 않는 것일까? 만약 보험가입자가 암에 걸려 있다면, 보험회사는 고액의 보험금을 지급해야 할 가능성이 높기에 손실 가능성이 높다. 하지만 그럴 만한 이유가 있다. 무진단보험은 대부분의 보장이 질병이 아닌 상해만 보장하는 상해보험이기 때문이다. 상해보험은 질병에 대해서는 보장하지 않고 상해로 인한 보험사고에 대해서만 보험금을 지급할 의무가 있다. 암과 같은 질병은 보장하지 않지만

길 가다가 넘어져서 골절된 경우에는 보장하는 것이다. 질병을 보장하지 않는다면 당연히 건강검진도 필요 없다. 상해는 과거병력이나 현재의 건강 상태와는 큰 관련이 없기 때문이다. 그러므로 내가 가입한 보험 또는 지금 관심 갖고 있는 보험의 조건이 좋아 보였으나 그 보험이 무심사보험 또는 무진단보험이라면, 본인이 생각하고 있는 상품과 많이 다를 수 있음을 알아 두자.

**무심사보험 vs 무진단보험**

| 구분 | 무심사보험 | 무진단보험 |
| --- | --- | --- |
| 고지의무 | 미적용 | 적용 |
| 보험인수 거절 | 불가능 | 상황에 따라 거절 가능 |
| 보험료 | 일반 보험보다 높음 | 일반 보험과 비슷 |
| 주요 보장 | 질병 | 상해 |
| 건강검진 | 안함 | 안함 |

간혹, 보험회사에서 일반적인 보험을 가입하였는데 진단을 하지 않는 경우가 있다. 그런 경우라면 보장금액이 적은 저축성보험일 가능성이 높다. 일반적으로 보험회사에서 진단 여부를 결정할 때 보장금액의 크기가 영향을 미친다. 보장금액이 큰 만큼 보험회사의 부담도 커지기 때문이다. 그래서 보험대상자의 건강검진 등을 통해 보험가입에 적합한지 다시 한번 확인하는 것이다.

## 간편심사보험

최근엔 심사는 하되, 보험가입이 어려운 고위험군에게 최소한의 가입 요건만을 심사하고 보험에 가입할 수 있도록 하는 간편심사보험이 출시되어 판매되고 있다. 일반 보험보다 심사기준이 낮고 점검하는 항목도 적기 때문에 일반보험을 가입하기 어려운 고위험군에 속해 있는 보험가입자도 많이 가입할 수 있다. 하지만 보험가입자의 위험률도 높기 때문에 보험금 지급확률도 높아진다. 그래서 위험보험료가 높게 책정되어 일반보험보다 보험료가 1.2배에서 2배가량 높다. 보험료가 높은 대신 고혈압, 당뇨병 등 특정 질병에 대해서는 심사를 완화하거나 생략해 고령자나 건강 상태가 좋지 않은 사람들도 가입할 수 있도록 한 것이 특징이다.

일반적인 보험을 가입할 수 있는 건강한 사람이 간편심사보험에 가입한다면 잘 가입한 것일까? 해당 보험가입자는 충분히 일반적인 보험상품을 가입할 수 있음에도 불구하고 보다 더 많은 보험료를 납부하게 되어 불이익을 받게 된다. 실제로 보험회사와 보험모집인들이 각종 이벤트 및 홍보 활동을 통해 건강한 사람에게도 해당 보험을 가입시켜 문제가 되기도 했었다. 또 보험회사에서는 간편심사보험 가입을 유도하기 위해 일반 보험의 보장 범위를 줄이기도 하고, 고지의무의 범위를 벗어난 과거병력을 이유로 보장금액을 축소시키기도 하였다. 그들이 간편심사보험을 선호했던 이유는 일반보험보다 보험료와 수수료가 높아 실적 목표를 달성하는 데에 있어서 훨씬 수월했기 때문이다.

현재는 개선되었지만 혹시라도 건강함에도 불구하고 일반보험이 아닌 간편심사보험으로 가입을 한 것은 아닌지 한번 확인해 볼 필요가 있다. 간편심사보험은 상품명에 '간편심사'라는 명칭이 들어가 있다. 만약 보험을 가입하기 원하지만 일반보험 가입이 거절되었다면, 간편심사보험으로 가입하는 것을 검토해 볼 필요가 있다.

### 일반/간편 심사보험 비교

| 구분 | | 일반심사보험 | 간편심사보험 |
|---|---|---|---|
| 가입대상 | | 건강한 사람(표준체) | 질병 보유자(유병자) |
| 가입연령제한 | | 통상 65세 이하 | 통상 75세 이하 |
| 주요 보장 내용 | | 사망 및 대부분의 질병관련 진단비, 치료비 등 | 사망 및 중대질병 관련 진단비, 치료비 등 |
| 계약 전 알릴 의무 | 항목수 | 18개 항목 | 통상 6개 항목 |
| | 입원/수술 | 최근 5년 이내 입원/수술 등 여부 | 최근 2년 이내 입원/수술 등 여부 |
| | 중대질병 | 최근 5년 이내의 10대 질병으로 치료, 진단, 입원, 수술, 투약 여부 | 최근 5년 이내 암으로 진단, 입원, 수술여부(고혈압, 당뇨병 등 일부 질병심사 생략) |
| 보험료 수준 | | 100% | 110%~200% |

출처: 금융감독원

보험을 가입해야 하는 상황이라면 가급적 보험회사에서 쉽게 인수 하는 보험이 아닌 까다롭게 인수하는 보험을 가입하는 것이 좋다. 보험회사에서 쉽게 인수하는 보험은 그만한 이유가 있으므로 간편하게 가입할 수 있다는 점에 유혹당해선 안 된다. 물론 과거에 병력이 있거나 나이가 많아 일반적인 보험가입이 어려운 상황이라면 무심사·무진단·간편심사 보험 등으로 가입하는 것도 좋은 방법이다.

## 알아 두면 쓸 데 있는 보험 상식

### ☑ 신용카드로 보험료를 납부할 수 있다?

신용카드로 보험료 납부가 가능하다. 신용카드로도 보험료를 납부할 수 있다면 내가 보유한 카드 실적도 쌓고 그에 따른 혜택을 받을 수 있기 때문에 보험가입자에게 도움이 될 수 있다. 우편·전화·온라인 등을 통하여 보험상품을 판매하는 경우에 주로 이용되는 기능으로, 보험회사와 신용카드회사가 서로 제휴를 맺고 신용카드로 보험료를 납입할 수 있도록 하고 있다.

하지만 보험회사에서 카드수수료 비용이 지출되기 때문에 선호하지 않는다. 보험회사에서 납입을 허용한다 하더라도 비용이 상대적으로 비싼 보장성보험에 한해서만 허용하거나 직접 보험회사에 내방해서 납부하는 경우에만 허용하고 있는 실정이다.

현재 보험료를 납입하고 있는 보험이 있다면, 신용카드로 보험료 납부가 가능한지 확인해 보자.

Level 3

## 3  보험료 납입을 멈추면 보험금을 받을 수 없다

보험상품을 가입하면 보험가입자는 보험회사에 보험료를 납입할 의무가 생긴다. 보험회사 또한 보험사고가 발생하면 보험수익자에게 보험금을 지급해야 할 의무가 생긴다. 보험은 납입 기간이 장기간인 상품이다. 그래서 보험을 가입하는 시점에는 보험료를 납입할 수 있는 여력이 충분했을지라도 향후에 개개인의 특정한 상황에 따라 보험료를 납부하지 못하는 상황이 발생할 수 있다. 만약 보험을 가입한 후에 최초 약정한 보험료를 납입하지 못하면 어떻게 될까?

### 보험료를 일정 기간 납입하지 못하면 실효가 된다

본인이 가입한 보험상품에 납입해야 할 보험료를 납입하지 못했다면, 보험회사는 일정 기간 납입을 기다린 후 보험에 대한 효력을 정지시킨다. 이를 보험계약의 '실효'라고 한다. 실효란, 보험계약의 효력이 상실되는 것을 말하는데, 보험가입자가 보험료 납입의무를 이행하지 않았기 때문에 보험회사도 보험금 지급의무를 이행하지 않아도 될 수 있게 된다. 실효가 되는 시점은 보험료를 직전 2개월 동안 납입하지 않았고, 그 다음 3개월째 되는 첫날부터이다. '실효'가 되는 순간 내가 가입한 보험의 효력은 정지되고, 보험회사는 그 이후에 발생한 모든 보험사고에 대해 보험금을 지급하지 않아도 된다.

## 보험회사는 실효가 되기 전 또는 후에 보험가입자에게 이 사실을 알려야 한다

보험회사는 실효예정 또는 실효가 된 보험가입자에게 해당 사실을 알려야 한다. 보험회사는 보험가입자에게 14일 이상의 기간을 두고 보험료 미납 상황과 이로 인한 실효가능성을 안내해야 할 의무가 있다.

하지만 보험회사마다 보험가입자에게 안내되는 시점을 달리 적용하기도 한다. 실효가 되는 시점 15일 전에 맞춰 보험가입자에게 실효예정안내를 하는 경우가 있고, 보험계약이 실효된 날을 기준으로 실효 안내를 하기도 한다.

이렇게 보험회사마다 다른 기준을 적용하는 이유가 있다. 실효가 되기 전에 실효 안내문을 발송하면 불필요한 비용이 많이 발생할 수 있으므로 비용 절감과 실효성을 고려하여 어떤 것이 유용한지 자체적으로 결정하기 때문이다. 그래서 보험회사가 실제로 보험계약을 실효 상태로 전환할 수 있는 시점은 보험가입자가 해지 안내문을 받은 날로부터 14일 이상의 납입 최고 기간이 지났을 때부터이다. 즉, 실효가 되었지만 보험회사로부터 실효안내문을 받지 못한 경우 밀린 보험료만 납부하면 보험계약을 다시 정상적으로 유지할 수 있는 것이다.

만약 보험가입자가 이사를 가서 그 주소를 보험회사에 통보하지 않아 우편물을 받지 못한 경우에는 어떻게 될까? 보험회사는 보험가입자가 최종적으로 통보한 주소로 우편물 등과 같은 기록에 남는 방법으로 통지한다. 이렇게 통지한 사항은 일반으로 도달하는 데 필요한 기간이 지난 때를 기준으로 도달한 것으로 판단한다. 이사를 간 후 우편물을 받지 못했어도 받았다고 인정하는 것이다. 그러므로 주소 변경에 대한 통지를 하지 않아 불이익을 받는 일이 없도록 해야한다.

### 실효가 되면 보험 안에 편입되어 있는 자산이 바뀔 수 있다

보험계약이 실효가 되면, 보험상품의 효력이 정지되기 때문에 편입되어 있는 자산의 운용방식도 변경된다. 변액보험의 경우 펀드로 운용되는 특별계정에서 펀드를 매도하여 이율이 적용되는 일반계정으로 이동시킨다. 펀드의 등락에 따라 해약환급금이 변동하는 것을 방지하기 위해서이다. 일반보험의 경우 약정된 공시이율과 최저보증이율이 적용되지 않고, 실효된 기간으로부터 1년간 연 1.0%, 1년 이후부터 연 0.5%와 같이 약관에 따라 적용되는 이율도 변동될 수 있다. 다시 부활청약을 하여 계약의 효력을 되살린다면 최초 약정한 보장과 이율, 그리고 펀드 등에 다시 재투입된다.

그런데 변액보험의 경우에는 부활청약을 한다고 해도 기존 펀드에 다시 투입될 수 없는 경우가 있다. 특수한 성격을 가진 펀드의 경우, 보험계약이 회복되더라도 그 자금이 다시 동일한 펀드에는 편입되지 못하는 것이다. 대표적으로 ELS변액보험을 들 수 있다. 현재는 ELS변액보험을 취급하는 보험회사에서 실효 후 부활 시에 다시 ELS펀드에 투입이 가능하도록 약관을 변경하였지만, 약관이 변경되기 전에 가입했던 보험가입자들은 보험계약이 실효되면 기존ELS펀드는 자동적으로 매도되고 부활해도 ELS펀드에 재투입되지 않아 다른 펀드로 운용해야 한다.

## 실효된 보험, 다시 살릴 수 있다

실효된 보험계약을 다시 살릴 수 있는 방법이 있다. 바로 부활청약이란 제도이다. 부활청약은 간이부활청약과 일반부활청약으로 나뉜다. 두 종류 모두 보험계약을 회복시키는 것인데, 차이점이 존재한다.

일반부활은 부활청약서를 다시 작성해야 하는 등 최초 보험청약에 준한 절차를 따라야 한다. 만약 부활청약 시에 최초계약 당시에 없었던 병력이 있었다면 보험회사는 보험계약인수를 거절할 수도 있다. 보험회사에서 인수를 거절한다면 보험계약을 다시 회복시킬 수 없고, 보험가입자는 해약을 해야만 한다.

이와 달리 간이부활은 부활청약서를 다시 작성하지 않아도 되고 그동안 밀린 보험료만 납부하면 바로 보험계약을 회복시킬 수 있다. 그리고 보험회사에서 인수를 거절할 수도 없다. 다만, 보험회사로부터 실효 안내문을 받기 전에 부활청약을 해야만 간이부활을 통해 부활할 수 있다. 만약 보험회사에서 실효가 되기 15일 전 미리 실효 안내를 고객에게 한 경우에는 일반부활을 통해서만 부활청약을 해야 한다.

### 3년이 지나면 보험계약은 부활시킬 수 없다

보험금을 받을 수 있는 기간은 법으로 정해져 있다. 보험사고 발생일 또는 진단일로부터 3년 안에 보험금 지급 신청을 해야 보험금을 받을 수 있다. 실효된 계약도 마찬가지로 3년 안에 부활청약을 해야만 보험계약을 되살릴 수 있다. 만약 실효가 된 후 3년이 지나도록 부활청약을 하지 않는다면, 해당 보험계약은 더 이상 부활청약을 할 수 없는 상태로 변경되며, 해약만 가능하게 된다. 이를 보험계약의 '시효'라고 한다.

보험계약 초기에 실효되는 경우, 보험회사는 회수하지 못한 미상각 신계약비를 한꺼번에 상각하기 때문에 해약환급금이 0원이 될 수도 있다. 만약 해약환급금이 있지만 3년이 지나도록 보험금을 청구하지 않는다면 보험회사는 더 이상 보험가입자에게 해당보험금을 돌려줄 의무가 없어진다. 보험가입자가 찾아가야 할 보험금을 찾아가지 않으면 보험회사는 일정 기간 기다린 후 휴면재단에 재산이전을 하게 된다.

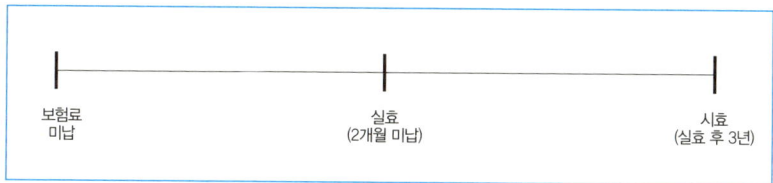

### 상법 제662조(소멸시효)

보험금청구권은 3년간, 보험료 또는 적립금의 반환청구권은 3년간, 보험료 청구권은 2년간 행사하지 아니하면 시효의 완성으로 소멸한다.

### 알아 두면 쓸 데 있는 보험 상식

#### ☑ 이런 경우에는 보험계약 실효가 될까?

만약 보험료 납입이 한 달 연체된 상태에서 보험계약 실효를 면하기 위해 두 번째 달 마지막 날에 통장에 보험료를 입금하였다. 그런데 하필 그날이 휴일이라서 그다음 달인 세 번째 달 첫날에 자동이체가 되었다. 이와 같은 사례로 인해 보험료를 2달이 넘는 기간 동안 납입하지 못한 보험계약은 실효가 될 수 있는 것일까?

다행스럽게도 이런 상황에서는 실효가 되지 않는다. 통상적으로 은행에서는 자동이체가 실제로 일어났다고 하더라도 그다음 날 또는 이틀 후 이체 내역을 보험회사에게 통보하기도 한다. 또 매월 말일에 자동이체를 신청해 놓은 보험가입자의 경우에는 그날이 휴일이라면 그다음 달 첫 영업일에 자금이 빠져나가기 때문에 3개월째 되는 첫날까지는 보험료 납입을 받아 주는 것이 일반적이다.

Level 3

## 4　보험회사에서 조사 나올 때, 이렇게 대응하면 손해 보지 않는다

보험의 대상이 되는 피보험자에게 보험사고가 발생하면 보험수익자는 보험회사에 보험금을 청구할 수 있다. 보험금 지급 사유가 발생하여 보험회사에 보험금을 청구하면 보험회사에서는 청구 자료만 보고 바로 보험금을 지급하지 않는다. 보험금 지급규모에 따라 보험회사의 업무처리의 기준은 다를 수 있으나 일정 금액 이상의 보험금을 지급해야 하는 건들은 여러가지 사안들을 꼼꼼하게 확인한 후 지급하기 때문이다. 이 과정에서 보험금 지급이 지연되기도 하고 보험금이 지급되지 않거나 적게 지급되어 보험가입자와 보험회사가 법정에서 다투기도 한다.

### 보험금 청구는 3년 이내에 해야 한다

보험대상자인 피보험자가 보험사고를 당하게 되면 보험금을 청구하지 않는 이상 보험회사는 자동으로 보험사고를 인지할 수 없다. 그래서 꼭 보험가입자는 보험회사에 보험금 지급을 요청하는 보험금 청구를 해야 한다. 그래야만 보험회사는 보험사고를 인지하고 보험수익자에게 보험금을 지급할 수 있는 것이다. 보험금 청구는 보험사를 방문하여 서류를 작성하고 필요서류를 첨부하거나 온라인·모바일·FAX 등의 방법으로 할 수 있다.

보험금 청구 기한은 3년이다. 그래서 3년이 지나면 보험금 청구권은 소멸한다. 소액의 보험금을 청구할 경우, 3년이 경과했음에도 보험회사에서 지급하는 경우도 있으나 보험금이 큰 청구 건은 실질적으로 보험금을 받기 어렵다. 그러므로 보험금 청구는 3년 이내에 해야 하며 가급적이면 빠른 기간 안에 보험금을 청구하는 것이 좋다.

### 보험금 청구 시 보험회사는 조사를 시작한다

보험금 청구 내역이 접수되면 보험회사는 보상 담당자를 지정하여 보험사고 조사 및 보험금 지급 여부를 심사하기 시작한다. 그리고 보험금 지급 여부 결정을 위해 현장 조사 및 방문 조사 등이 필요한 경우 계약관계자의 개인정보제공에 대한 동의를 받은 후에 공인된 손해사정법인에게 조사 업무를 위탁할 수 있다.

보험금이 적거나 단순한 보험사고에 해당하는 경우에는 대부분 서류 심사만으로도 바로 보험금을 지급한다. 하지만 보험금이 크거나, 가입한 지 얼마 안 되어 보험금을 청구하는 경우 또는 향후에도 지속적으로 보험금을 지급해야 할 가능성이 높은 경우엔 보험회사 또는 보험회사가 의뢰한 손해사정사가 보험관계자를 직접 방문하여 조사할 가능성이 높다. 그들의 방문 목적은 보험금을 지급해야 하는 사유에 해당하는지 여부와 보험가입 전에 이미 과거 병력이 있었는지, 보험금 지급이 합당한지 등을 조사하기 위해서이다. 보험회사는 이때 몇 가지 자료와 동의서를 요청하는데, 여기서 주의해야 할 점이 있다.

### 보험회사에 제공할 의무가 없는 자료는 응하지 않아도 된다

보험회사는 보험가입자가 보험회사에 보험금 청구를 하면 보험회사는 보험금 지급이 합당한지 여부를 검증한다. 이유는 보험사기 등 지급 사유가 되지 않는 보험금 지급은 결국 보험가입자의 보험료를 상승시킬 수 있기 때문이다. 또한 보험가입자에게 받은 보험료보다 지급한 보험금이 과도하게 크다면 보험회사가 부실화되어 다수의 보험가입자가 피해를 입는 상황도 발생할 수 있다. 그래서 보험금 지급 전 검증이 필요한 것이다. 보험은 기본적으로 보험가입자에게 받은 보험료와 지급한 보험금이 일치하는 수지상등이 이루어져야 한다.

만약 지급하는 보험금이 많아진다면, 보험가입자가 납입해야 하는 보험료는 높아질 수 있다. 반대로 지급하는 보험금이 적어진다면, 보험가입자가 납입해야 하는 보험료는 줄어들 수 있는 것이다.

그런데 간혹 보험회사 측에서 보험금 지급심사를 하는 과정 동안 보험가입자에게 제공할 의무가 없는 자료를 요구하여 분쟁이 발생하는 경우가 있다. 보험회사에 제공할 의무가 없는 대표적인 자료 중 하나는 건강보험공단의 진료 내역과 국세청 자료이다. 해당 자료들은 본인만 열람할 수 있고, 법적으로도 보험회사에 제공하지 않아도 된다. 참고로 건강보험공단 및 국세청 홈페이지에 로그인 하면 과거 5년간의 진료내역과 의료비 내역을 한번에 확인할 수 있다. 보험회사 입장에서는 해당 자료를 통해서 보험 가입 전 병력이 있었는지, 다른 병원에서 비슷한 치료를 받았는지 등을 확인해서 부적절한 사항이 있었는지 점검하는 것이다.

간혹 보험회사 또는 손해사정사가 보험금 지급심사를 목적으로 보험가입자의 위임장 및 동의서를 건강보험공단에 제출해서 내역을 요구하기도 하는데 건강보험공단에서는 해당 정보를 제공하지 않는다. 이유는 간단하다. 해당정보를 보험회사에 제공할 이유가 없기 때문이다. 보험금 지급 사항과 관련 없는 내역까지도 다 조회가 가능하므로 보험회사가 해당 자료를 악용할 가능성이 있으며 분쟁으로 연결될 수도 있다. 그래서 직접 보험가입자에게 공인인증서 로그인을 통해 해당 자료를 보여 줄 것을 요청하기도 한다. 하지만 제공할 의무가 없으므로 요구에 응할 필요는 없다. 보험가입자가 해당 자료를 제공한다면 보험회사 측에서는 과거 진료기록이 있던 병원을 찾아가 보험가입자의 위임장 및 동의서를 제출해서 손쉽게 진료기록 등을 확인할 수 있다. 그렇게 확인된 자료를 바탕으로 보험금 지급사유가 합당한지 검증한다.

보험회사 또는 손해사정사를 비롯한 조사자가 위의 정보를 얻지 못하면 어떻게 될까? 조사자는 건강보험공단 또는 국세청이력을 제공해 주지 않으면 보험가입자가 치료를 받았을 것으로 추측되는 병원들을 방문하여 조사한다. 하지만 어느 병원에서 치료를 받았는지 확실하게 알 수 없기 때문에 일일이 병원을 방문해야 하는 번거로움이 생긴다. 일정 기간이 지나도록 보험가입자가 과거에 방문했던 병원을 못 찾았다 하더라도 그대로 조사는 종결된다.

따라서 보험금 청구 사유가 합당하더라도 보험회사에 제공해 주지 않아도 되는 정보는 긁어 부스럼이 될 수 있기 때문에 거부하는 것이 좋다. 간혹 건강보험공단 진료 내역 등을 요청하면서 응하지 않으면 불이익이 있을 수 있다고 협박하는 경우가 있다고 하는데, 필수 자료가 아니므로 그에 대한 불이익은 없다.

## 보험가입자도 손해사정사를 선임할 수 있다

보험회사가 손해사정사를 선임하는 경우 보험회사가 직접 해당 업무를 위탁하는 것이기 때문에 보험가입자 입장에서는 불공정하다고 느낄 수 있다. 실제로 공정한 업무 처리가 되지 않을 가능성도 존재한다. 그래서 손해사정사를 선임할 수 있는 권한은 보험회사에만 있지 않고 보험가입자에게도 있다. 다만, 손해사정사를 선임하는 당사자가 해당 비용을 부담해야 한다. 보험회사에서 손해사정사에게 조사업무를 위탁하는 경우라면 보험회사에서 해당 비용을 부담하고, 만약 보험가입자가 손해사정사를 선임하는 경우라면 보험가입자가 해당 비용을 부담하게 된다.

보험금 지급 여부와 지급 금액 결정을 위해서 보험회사가 의료심사를 별도로 진행할 수 있는데, 제출한 진단서와 의무기록 등을 전문의에게 맡겨 의료심사를 진행할 수 있다. 의료심사를 위해 의무 기록을 병원에서 입수해야 하는 경우에는 보험가입자의 동의서를 필수적으로 받아야 한다.

## 보험회사는 일정 기한 내에 보험금을 지급해야 한다

보험금의 지급 기일은 최종 서류 접수일로부터 3영업일, 지급 사유조사나 확인이 필요한 경우 10영업일 이내에 보험금을 지급하도록 되어 있다. 만약 보험금을 사전에 약관에서 정한 기한까지 지급하지 않으면 약관에 규정된 사항에 따라 지연이자를 추가로 지급해야 한다.

보험회사는 보험금지급심사결정을 통해 보험금을 지급하지 않을 수 있는데, 이때 보험회사는 보험가입자에게 보험금을 지급하지 않는 구체적인 사유를 필수적으로 안내해야 할 의무가 있다. 만약 보험가입자가 해당 사유에 동의하지 않으면 재심사를 청구할 수 있다. 재심사도 받아들여지지 않을 경우 보험회사와의 소송을 통해 법정다툼을 벌여야 하는 경우도 발생한다.

보험금을 지급하지 않는 사유로는 고지의무 위반·보험사기·병원과 보험회사 진단 내용의 불일치 등 다양하다. 이런 사유로 인한 보험금 미지급을 피하기 위해선 보험 가입 시 보장 내역 및 지급 사유를 꼼꼼히 살펴야 한다. 그리고 보험회사에 고지해야 할 내용을 사전에 빠짐없이 작성하여 추후 보험금 청구 시 고지의무위반이라는 명목하에 보험금을 받지 못하는 억울한 일이 없도록 해야 한다.

## 보험금 청구 시 유용한 Tip

1. 10만 원 이하는 영수증만으로도 청구가 가능하다.
2. 100만 원 이하는 FAX로도 보험금 청구가 가능하다.
3. 5천만 원 이상의 보험금 청구 또는 보험금 청구를 위임하는 경우에는 우편 또는 방문해야 한다.
4. 보험금은 보험사고 발생일로부터 3년 이내 청구해야 한다.
5. 실손의료보험을 중복 가입한 경우 접수대행신청서를 작성해서 한군데 보험사만 접수하면 된다.
6. 보험금 지급이 거절되면 재심사를 요청할 수 있다.
7. 보험금 지급일은 서류 접수일로부터 3일, 조사가 필요한 경우 최장 10일이 소요된다. 초과할 경우 보험회사는 지연이자를 지급해야 한다.

Level 3

## 5   보험회사는 보험계약을 무조건 받아 주지 않는다

보험가입자가 보험회사에 보험가입의사를 표한다고 해서 보험회사에서 무조건 보험계약을 인수하는 것이 아니다. 보험회사는 보험가입자의 보험을 인수하는 순간 보험사고에 대한 보험금을 지급해야 할 의무가 생긴다. 따라서 무차별적으로 보험계약을 인수할 경우, 과도한 보험금 지급으로 인해 보험회사의 장기적인 존립에 문제가 생길 수 있다. 그래서 보험회사는 보험계약을 인수하기 전 몇 가지 절차를 통해 보험계약 인수 여부를 결정한다.

### ◇ 보험계약 시 필수 관문을 거쳐야 한다

보험가입자가 보험청약을 하면 보험회사는 언더라이팅을 통해 해당 보험계약의 인수 여부를 결정한다. 언더라이팅(Underwriting)이란, 보험계약 시 보험가입자가 작성한 청약서의 고지의무 내용과 건강진단 결과 등을 토대로 보험계약의 인수 여부를 판단하는 최종 심사 과정을 말한다.

보험회사의 입장에서는 일반 보험가입자보다 건강 상태가 좋지 않거나 사고의 위험성이 높은 고위험 직업군에 종사하는 보험가입자를 받아들일 경우, 받은 보험료 대비 지급하는 보험금이 많아질 가능성이 높아진다. 받은 돈보다 지급한 돈이 더 많다면 이는 보험회사의 손실로 연결된다.

보험가입자 측면에서도 언더라이팅은 중요하다. 모든 보험가입자를 평등하게 대우한다는 명목으로 동일한 조건으로 보험회사가 보험계약 인수를 하게 되면 평균위험률이 높아져 건강한 사람도 더 많은 보험료를 납부해야 될 수도 있기 때문이다.

또 도덕적으로 보험을 악용할 여지도 있으므로 보험회사의 언더라이팅은 꼭 필요하다고 할 수 있다. 따라서 언더라이팅을 통해 동질성이 있는 보험대상자의 위험을 분류하고, 동일한 위험군에 있는 보험대상자에 대해서는 동일한 보험요율이 적용될 수 있도록 해야 한다. 그래야만 보험가입자 간의 공평성을 유지하여야 보험사업이 합리적으로 운영될 수 있다.

언더라이팅 결과를 바탕으로 보험회사는 보험가입자의 보험계약을 인수할 것인지를 결정하고, 보험대상자의 위험의 정도에 따라 납입보험료나 지급보험금의 한도를 조정할 수 있다.

## 언더라이팅에도 절차가 있다

언더라이팅은 크게 4단계의 절차로 이루어진다.

첫 번째 단계는 청약서 고지 단계로, 보험가입자가 청약서에 과거 병력·직업·소득·흡연 유무 등 상세한 내용을 직접 기재하면 보험회사는 그 내용을 토대로 심사한다.

두 번째 단계는 병원 진단 및 서류 진단 단계로, 기본적인 진단 및 서류 외에 언더라이터의 판단에 의해 진단 항목이 추가될 수 있다.

세 번째 단계는 언더라이터 심사단계로, 보험계약의 인수 여부 결정 및 인수 조건을 결정한다.

마지막 단계는 계약적부확인 단계로, 보험회사가 지정한 양식의 조사보고서에 보험회사 소속 또는 전문회사 조사요원이 조사 내용을 작성하여 확인하는 단계이다. 이처럼 4단계의 단계를 거친 후, 보험회사는 최종적으로 보험계약의 인수 여부를 결정하게 된다.

## 보험회사는 계약의 인수를 거절할 수 있다

언더라이팅 결과에 따라 보험회사는 보험계약을 어떤 형태로 인수할지 결정하게 된다. 일반적으로 '건강체' 또는 '표준체'라고 불리는 건강한 보험대상자의 경우에는 보험회사에서 바로 인수를 한다. 하지만 '허약체' 또는 '표준하체'라고 불리는 과거 병력이 있거나 고위험군에 있는 보험대상자의 경우, 조건을 달리 적용하여 보험계약 인수를 결정한다. 표준하체의 경우에는 보험료 할증이나 보험금 삭감, 일정 기간에는 특정 보험사고에 대해 보험금을 지급하지 않는 부담보 등의 조건을 적용하여 보험계약을 인수한다.

### 1. 계약인수

보험회사에서 '허약체' 또는 '표준하체'로 분류되는 보험계약을 인수하는 방법에는 여러 가지가 있다.

첫째, 보험가입자에게 보험료를 할증하여 계약을 인수하는 방법이다. 이는 표준하체의 위험 정도가 기간 경과에 따라 점차 증가하거나 기간에 상관없이 일정한 상태를 유지하는 경우에 주로 적용하는 방법이다. 위험 정도에 따라 주계약 보험료 이외에 특별보험료를 할증하여 부과하기도 한다.

둘째, 특정 질병 또는 특정 신체 부위를 보장에서 제외시켜 계약을 인수하는 부담보 조건으로 인수하는 방법이다. 크게 특정질병 부담보와 특정부위 부담보로 나뉜다. 특정질병 부담보는 질병이 발생하는 부위에 관계없이 질병 자체를 부담보하여 진단·입원·수술 등의 보험금을 지급하지 않는 방법이며, 특정부위 부담보는 부담보로 지정한 부위에 발생한 특정한 질병에 대해 생존보험금을 지급하지 않는 방법이다.

셋째, 보험 가입 후 일정 기간 내에 보험사고가 발생할 경우, 미리 정해진 비율로 보험금을 삭감하여 지급하는 방법이다. 보험가입 후 기간이 경과함에 따라 위험의 크기 및 정도가 차츰 감소하는 경우 주로 적용된다.

반대로 보험가입자가 건강진단과정을 거쳐 표준체보다 우량한 건강상태를 입증하는 경우 보험료 할인혜택을 부여하는데, 건강진단은 체격과 혈압 등 신체 이상 여부와 흡연 등에 대한 평가 등으로 이루어진다.

## 2. 인수 거절 (반송)

보험계약의 인수가 어렵다고 판단되는 경우 보험회사는 계약인수를 거절할 수 있다. 인수 여부에 대한 결정은 1개월 이내에 해야 하며, 인수 거절 시 해당 기간에 납입한 보험료에 최초에 약정한 예정이율을 더하여 보험가입자에게 되돌려준다. 보험대상자가 과거 병력이 있다 하더라도 보험회사는 부담보인수를 조건으로 보험계약을 인수할 수 있다.

하지만 보험회사는 부담보인수 자체를 꺼려하는 경우가 있다. 과거병력이 있는 경우, 보험회사에서는 해당 질병 또는 해당하는 신체 부위의 보험사고에 한하여 5년 동안 부담보를 통해 보험금을 지급하지 않아도 된다. 하지만 5년이 지나고 해당 질병이 재발하지 않았고 해당하는 신체 부위를 통하여 보험금지급사유가 발생하지 않았다면 얘기는 달라진다. 5년이 지나면 최초 설정했던 부담보조건이 소멸됨과 동시에 과거에 부담보조건의 보장 항목들도 이후엔 전부 보장해야 하기 때문이다.

또 5년이 되기 전 해당 질병으로 사망할 경우, 해당 질병에 대해서는 부담보를 이유로 보험금지급을 거절할 수 있지만 사망보험금은 지급해야 할 수 있기 때문에 보험회사에서는 부담이 될 수밖에 없다. 그러므로 보험가입자가 꼭 보험을 가입하기 원한다면 보험회사에서 보험계약인수가 어려워 인수 거절을 하더라도 다시 한번 부담보조건으로 재가입을 추진해 보는 것도 좋은 방법이 될 수 있다.

이처럼 보험회사는 보험계약 인수를 결정할 때 여러 가지 절차를 거친다. 만약 이런 절차 없이 무분별하게 보험계약을 인수하게 되면 보험회사의 손해율은 높아질 수밖에 없다. 그렇게 되면 보험료를 높이거나 보장을 줄이게 되어 결국 보험가입자의 손해로 돌아간다.

보험상품은 먼 미래를 준비하는 상품이다. 보험은 나이가 들수록, 건강이 안 좋을수록 보험료가 높아지거나 가입이 어려울 수 있기 때문에 나이가 어릴 때 그리고 건강할 때 미리 준비하는 것이 좋다.

## 알아 두면 쓸 데 있는 보험 상식

### ☑ 가족력이 있는 경우, 보험회사는 보험계약 인수를 거부할 수 있을까?

일반적으로 부모가 가족력이 있는 경우 자녀도 동일한 질병이 발생할 확률이 3~5배가량 높다. 그러므로 그 누구보다 더 보험이 필요할 수 있는데, 보험회사는 보험 인수 여부를 결정할 때 가족력 여부를 별도로 조사하지 않는다. 고지의무를 통해 그리고 건강검진기록을 통해 보험대상자의 건강 상태 및 과거병력만 체크하기 때문에 가족력으로 인한 보험료도 오르지 않는다.

그러므로 가족력이 있는 상황이라면 일반인보다 질병이 발병할 확률이 매우 높기 때문에 건강관리도 철저하게 해야 할 필요가 있을 뿐 아니라, 일찍 보험 가입을 고민하는 것이 좋다. 그리고 부모님과 친척 등에게 어떤 병력이 있었는지 한번 알아보는 것도 본인의 가족력을 체크해 볼 수 있는 하나의 팁이 될 수 있겠다.

Level 3

## 6 이혼했을 때 내 보험 지키는 방법

보험상품은 다른 금융상품과 달리 계약관계자를 다수로 구성할 수 있다. 보험료를 납입하는 사람과 보험의 대상이 되는 사람, 보험금을 수령하는 사람을 모두 다르게 설정할 수 있는 것이다. 만약 본인의 신상이 최초 보험가입 시점과 다르게 변동되어 있다면, 본인이 가입한 보험의 계약관계자 구성도 다시 한번 점검해 봐야 할 필요가 있다. 특히나 계약관계자가 본인과 가족으로 구성되어 있다가 이혼 등으로 큰 변화가 생긴 경우엔 계약관계자 구성을 필수적으로 점검해 보아야 한다.

### 보험은 계약자와 피보험자 그리고 수익자 모두를 다르게 설정할 수 있다

보험계약자는 보험료를 납입하는 자이고, 피보험자는 보험의 대상이 되는 자이다. 그리고 보험수익자는 보험금을 수령하는 자이다. 일반적으로 사망보험금이 지급되는 보험을 가입하는 이유는, 본인 사망 시 가장의 소득 단절로 인해 남아 있는 유가족의 생계에 지장이 없도록 하기 위함이다. 이런 경우 보험의 대상이 되는 피보험자는 본인이 되고, 수익자는 자녀 또는 배우자로 설정한다. 그래서 본인이 사망 시 사망보험금이 유가족에게 지급되도록 하여 안정적인 생활을 유지할 수 있도록 한다.

### 이혼하게 되면 가장 먼저 보험증서를 봐야 한다

보험을 가입한 상황에서 이혼이라는 일을 겪게 되었다면, 계약관계자 구성을 점검하고 재설정해야 할 필요성이 있다. 보험에서는 보험수익자를 미리 정해 두는데, 이 보험수익자를 특정인으로 정하지 않고 법정상속인으로 설정할 수 있다. 이 경우, 피보험자의 사망 시 다른 재산과 마찬가지로 상속 순위를 따져 민법상 상속권자가 보험금도 수령하게 된다. 그런데 이때 다툼이 발생하는 경우가 있다. 단적인 예로, 온 국민의 마음을 아프게 했던 세월호 사건 때를 들 수 있다. 세월호 사건이 발생한 후 세월호 피해자의 사망보험금이 지급되었는데, 부양책임을 이행하지 않은 이혼 부모에게 보험금이 지급되어 문제가 된 것이다. 보험수익자를 지정하지 않으면 법정상속인이 보험수익자로 되기 때문에 이혼 부모도 보험수익자로 인정된다. 그렇기 때문에 이혼 부모가 보험금을 청구해도 법적으로 문제가 없기 때문에 보험회사가 거절하지 못하고 보험금을 지급할 수밖에 없는 것이다. 그래서 보험수익자를 특정인으로 확정해 두는 것이 좋을 수 있다.

보험수익자를 법정상속인이 아닌 특정인으로 지정했을 경우에도 변경해야 할 상황이 발생할 수 있다. 만약 이혼 후 재혼을 하였는데 보험수익자가 과거의 배우자로 되어 있다면, 보험금은 수익자로 지정된 과거의 배우자에게 지급되어 버리기 때문이다. 또 계약자는 본인, 피보험자는 배우자로 설정한 보험계약을 체결한 후 이혼을 하게 되면, 계약자가 사망 시 과거의 배우자에게 보험금이 지급된다. 그래서 누군가 빨리 잘못되기를 기다리는 아이러니한 상황이 발생할 수도 있다.

보험계약자는 보험사고가 발생하기 전 언제라도 보험수익자를 지정 및 변경할 수 있다. 다만, 보험계약자와 피보험자가 다른 경우에는 피보험자의 서명 동의가 필요하고, 피보험자가 미성년자이면 친권자의 동의가 필요하다.

이처럼 보험상품은 계약관계자 구성도 중요하다. 최초 가입 시점과 지금의 상황이 바뀌었다면 보험증서를 다시 확인해 볼 필요가 있다.

## 알아 두면 쓸 데 있는 보험 상식

### ☑ 홀인원보험을 가입했더니 홀인원이 잘되네?

골프보험에는 홀인원특약이 존재한다. 낮은 보험료에 홀인원을 하면 최대 5백만 원을 준다고 하니, 보험가입자 입장에서도 부담될 게 없다. 그런데 이 홀인원보험이 판매되기 시작하면서 홀인원도 갑자기 크게 늘어나기 시작했다. 프로골퍼도 평생 한번 할까 말까 한 홀인원을 두세 번씩 하고, 한 골프장에서 하루에 홀인원이 여러 번 나오기 시작한다. 어떤 보험가입자는 1년에 6번이나 홀인원을 하기도 했다.

그래서 이를 수상하게 여긴 금융감독원은 경찰과 공조수사를 통해 홀인원 보험 전반에 대한 보험사기 기획조사를 하기 시작했다. 2012년부터 2016년까지 홀인원을 사유로 지급된 보험계약 31,547건을 분석하여 보험사기자들을 적발하기 시작하여 1차로 34명, 2차로 130명을 적발하였다. 이런 홀인원보험을 악용하는 가입자들로 인하여 현재는 홀인원특약은 계약 기간 동안 1회에 한해서만 보장하는 것으로 바뀌었다.

Level 3

# 7

## 압류의 위험이 있을 때 내 보험 지키는 방법

(예상치 못한 상황으로 인해)

예상치 못한 일로 인해 채무불이행자가 되면 내가 가입한 보험은 어떻게 될까?

만약 이런 상황을 겪게 된다면 본인이 보유한 보험이 압류가 되는 보험계약인지 확인하고 계약관계자 등을 점검해 볼 필요가 있다.

### 보험금 압류 시 법률관계를 알아야 한다

채무자가 정해진 기한 내에 빚을 상환하지 않을 경우, 채권자는 채무자의 보험금을 압류할 수 있다. 채권자는 해당 사안에 대하여 법원의 판결 등을 받은 후 채무자의 자산 등에 대해 압류 등 강제 집행할 수 있다. 압류 대상이 되는 자산은 부동산뿐만 아니라 예금·채권·주식·보험 등 금융자산도 포함된다. 하지만 생계유지와 직결된 일정 금액 이하의 자산에 대해서는 법에 의하여 원칙적으로 압류가 제한되거나 금지된다.

과거에는 압류 집행 시에 채권자가 채무자의 보험계약을 일방적으로 압류하여 해약할 수 있었다. 하지만 2011년 민사집행법이 개정되면서 채무자가 유지 중인 보험계약을 채권자가 압류하여 해약할 수 없도록 하였다. 즉, 보험이 압류가 되어도 채권자가 일방적으로 보험을 해약할 수 없게 된 것이다. 다만, 보험가입자가 2달 이상 보험료를 납입하지 않아 보험계약이 실효된 경우에는 해약환급금 중 150만 원을 초과하는 금액에 한하여 압류할 수 있다. 그러므로 채무자 입장에서는 보험계약을 지속적으로 유지하는 것이 중요하다.

참고로, 생계유지에 직결된 보장성보험은 압류 금지대상 상품에 포함된다. 하지만 재산의 증식이 주목적인 저축성보험은 압류 금지대상 상품에 포함되지 않음을 알아 두자.

### 보험의 압류 가능 범위

| 구분 | 보험 유형 | 내용 |
| --- | --- | --- |
| 압류 불가 | 소액의 보장성보험 | 1천만 원 이하 사망보험금 압류 불가 |
| | 실손의료보험 | 전체 보험금 압류 불가 |
| 제한적 압류 가능 | 진단비가 지급되는 보장성보험 | 50%에 한하여 압류 가능 |
| | 보장성보험 | 사망보험금 1천만 원 초과 금액 압류가능 |
| | 실효된 보장성보험 | 해약환급금 150만 원 초과 금액 압류가능 |
| | 보장성보험 만기환급금, 해약환급금, 보험금 | 150만 원 초과 금액 압류 가능 |
| 압류 가능 | 저축성보험 | 압류 가능 |

압류 불가 또는 제한적 압류 가능 보험금이라도 보험금이 압류방지통장이 아닌 압류가 가능한 일반예금통장에 입금되는 경우엔 보험금이 지급되는 순간 해당 계좌에서 압류될 수 있으니, 보험금이 지급되는 계좌도 점검해야 한다.

### 기초생활보장급여 압류방지 전용통장 "행복지킴이 통장"

국민기초생활보장급여 등이 일반 통장 내 다른 금액과 섞여 사실상 압류가 이루어지는 문제점을 방지하기 위하여, 압류방지 통장인 "행복지킴이" 통장을 시중에서 발급 중
* 기초연금, 장애인급여(장애인연금, 장애수당, 장애아동수당) 등도 확대 시행

- 해당 통장에만 기초생계비를 입금하게 되며 원천적으로 압류가 방지될 수 있음
- 개설 방법은 복지급여수급자가 은행에 복지급여수급 증명서를 제출하여 통장을 개설한 후, 관할 시군구청에 신청서(통장사본첨부)를 제출하면 해당 시군구청에서 당해 계좌로 복지급여가 입금되도록 지원

출처: 금융감독원

### 보장성보험금 등의 범위

① 법 제246조제1항제7호에 따라 다음 각 호에 해당하는 보장성보험의 보험금, 해약환급금 및 만기환급금에 관한 채권은 압류하지 못한다.
1. 사망보험금 중 1천만 원 이하의 보험금
2. 상해·질병·사고 등을 원인으로 채무자가 지급받는 보장성보험의 보험금 중 다음 각 목에 해당하는 보험금
   ㉮ 진료비, 치료비, 수술비, 입원비, 약제비 등 치료 및 장애 회복을 위하여 실제 지출되는 비용을 보장하기 위한 보험금

㈏ 치료 및 장애 회복을 위한 보험금 중 가목에 해당하는 보험금을 제외한 보험금의 2분의 1에 해당하는 금액
3. 보장성보험의 해약환급금 중 다음 각 목에 해당하는 환급금
　　　㈎ [민법]제404조에 따라 채권자가 채무자의 보험계약 해지권을 대위행사하거나 추심명령 또는 전부명령을 받은 채권자가 해지권을 행사하여 발생하는 해약환급금
　　　㈏ 가목에서 규정한 해약사유 외의 사유로 발생하는 해약환급금 중 150만 원 이하의 금액
4. 보장성보험의 만기환급금 중 150만 원 이하의 금액

② **채무자가 보장성보험의 보험금, 해약환급금 또는 만기환급금 채권을 취득하는 보험계약이 둘 이상인 경우에는 다음 각 호의 구분에 따라 제1항 각 호의 금액을 계산한다.**
1. 제1항 제1호, 제3호 나목 및 제4호 : 해당하는 보험계약별 사망보험금, 해약환급금, 만기환급금을 각각 합산한 금액에 대하여 해당 압류금지채권의 상한을 계산한다.
2. 제1항 제2호 나목 및 제3호 가목 : 보험계약별로 계산한다.

## 계약관계자를 변경하면 최악의 상황은 면할 수 있다

　채권자가 채무자의 보험계약 압류 시 채무자가 보험계약자 또는 보험수익자로 지정되어 있는 계약에 한해서만 압류할 수 있다. 따라서 계약관계자 구성을 변경하면 만일의 사태에 대비할 수 있다. 보험계약자와 피보험자가 채무자이고 수익자가 가족으로 되어 있을 경우 해당 보험계약에 대해서는 압류할 수 있다. 하지만 보험금을 받는 수익자는 채무자가 아니기 때문에 보험사고가 발생하면 압류여부와 상관없이 보험수익자인 가족이 보험금을 모두 수령할 수 있다. 또 보험계약자는 가족인데

보험수익자가 채무자로 된 보험계약일 경우, 해당 계약 압류 전에 보험수익자를 가족으로 변경해서 해당 보험계약을 지킬 수 있다. 계약자는 수익자를 변경할 수 있기 때문이다. 다만, 채권자의 권리를 해할 비도덕적인 목적으로 채무자가 보유한 보험의 계약자와 수익자를 변경할 경우 자칫 민법상 사해행위 취소소송 및 형법상 강제집행면탈죄의 대상이 될 수 있음을 유념해야 한다.

## 알아 두면 쓸 데 있는 보험 상식

### ☑ 키퍼슨보험을 아시나요?

키퍼슨보험은 신체 특정부위의 손상을 보상하는 보험으로, 일명 '신체보험'이라고도 불린다. 운동선수나 유명 연예인들은 그들의 신체가 큰 자산이기 때문에 해외 유명 스타들에게는 일반화되어 있는 보험이다.

일반적인 보험은 보험료와 그에 상응하는 보험금이 정해져 있으나, 특정 부위에 대한 신체를 담보로 하는 키퍼슨보험은 보험계약자가 보험금 규모를 정하면 보험회사가 그에 맞게 보험료를 산정하는 방식으로 상품이 개발된다. 그래서 보험가입 후 특정 신체에 손상을 입었을 경우 큰 금액의 보험금을 받을 수 있지만, 납입하는 보험료 역시 만만치 않다.

축구선수 데이비드 베컴은 7백만 달러의 다리 보험을, 머라이어캐리는 10억 달러의 다리 보험을, 가수 바다는 10억 원의 목소리 보험을 가입했었다고 한다.

Level 3

## 8 펀드와 변액보험은 다른 금융상품이다

과거 변액보험이 한참 유행하던 시기가 있었다. 그 당시 변액보험을 가입시키기 위한 단골 멘트는 "펀드를 비과세로 투자할 수 있습니다."였다. 2000년대 중반 주가지수가 지속적으로 상승할 때 펀드열풍을 타고 변액보험 판매량이 급증하였는데, 이 당시 보험상품이 아닌 펀드상품으로 오인하여 가입하는 경우도 많았다.

변액보험 자체로는 장점이 많은 상품이다. 하지만 상품 구조 및 비용에 대한 안내 미흡과 불완전판매로 인하여 말도 많고 탈도 많은 상품이 되고 말았다. 실제로 변액보험은 한때 금융감독원에 접수된 민원 중 가장 큰 비중을 차지하고도 했었다. 현재 판매되는 변액보험상품은 과거와는 많이 달라져 있지만 과거의 사례로 인해 아직까지도 부정적인 인식이 크다.

### 🔷 변액보험은 사업비를 차감하고 펀드에 투입한다

일반 펀드는 말 그대로 펀드이지만 변액보험은 변액보험이라는 상품 내에서 펀드를 투자할 수 있는 상품이다.

일반적인 펀드는 선취형의 경우, 선취수수료를 제외한 나머지 금액이 모두 펀드에 투입된다. 후취형의 경우, 선취수수료 없이 전액 펀드에 투입된다. 하지만 변액보험은 변액보험 안에 있는 펀드에 투입되려면 보험상품의 사업비와 위험보험료를 차감하고 펀드에 투입된다. 따라서 초기에 발생하는 보험의 비용으로 인해 원금이 되려면 일정 기간의 시간이 소요된다. 과거 변액보험은 사업비가 약 8~13% 수준 부과되었기 때문에 변액보험 안에 있는 펀드에서 일정 수준의 수익이 발생하더라도 원금에 도달하는데 꽤 많은 시간이 필요했다. 비과세 혜택을 받기 위해 보험을 가입했는데 원금 되는 데 시간이 오래 걸리니 비과세의 의미가 없었던 것이다. 다행스럽게도 현재 시중에서 판매되고 있는 저축성보험의 사업비는 약 2~5% 수준으로 합리적으로 조정되었다.

**과거 변액보험의 현금 흐름**

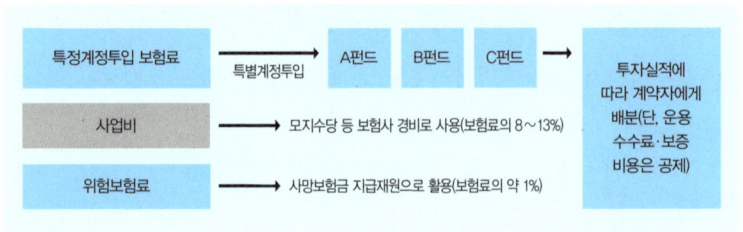

출처: 금융감독원

이처럼 변액보험은 사업비와 위험보험료를 차감한 후 펀드에 투입되기 때문에 사업비용이 낮으면서 좋은 성과가 나는 상품이 좋은 변액보험상품이라 할 수 있다.

### 일반 펀드와 달리 변액보험펀드는 재간접펀드로 운용된다

변액보험 내에서 운용되는 펀드는 'Fund of fund'라고 불리는 재간접펀드로 구성되어 있다. 재간접펀드란, 펀드에서 직접 주식이나 채권을 편입하는 것이 아닌 펀드에서 펀드를 편입하는 펀드이다. 그래서 변액보험에 편입되어 있는 펀드명칭을 보면 '가치주식형', '국내채권형', '배당혼합형', '포커스주식혼합형' 등과 같이 대략적인 운용스타일을 알 수 있도록 네이밍 되어 있다. 그 이유는 보험가입자가 선택한 펀드 내에서 보험회사가 주식이나 채권을 편입하는 것이 아닌 펀드를 여러 가지 담아서 운용하기 때문이다. 이처럼 보험회사는 보험가입자가 선택한 펀드를 재간접펀드 형태로 운용하기 때문에 보험회사의 펀드 운용 역량도 굉장히 중요하다고 할 수 있다. 변액보험에 대한 수익률은 정기적으로 공시되고 있고 언론매체에서도 정기적으로 보도하고 있다. 변액보험 가입 시 이와 같은 자료들을 참고해서 어떤 보험회사가 변액보험펀드를 잘 운용하는지 확인하면 어떤 변액보험을 선택해야 할지 판단하는 데 도움이 될 것이다.

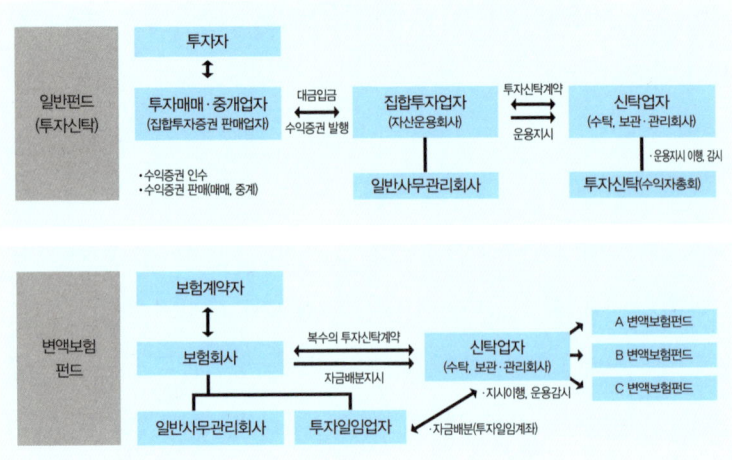

출처: 금융감독원

　변액보험은 펀드가 아닌 보험상품이다. 보험이기 때문에 초기에 사업비를 차감하는 단점이 있지만, 장점도 많이 가지고 있다. 먼저 세법에서 정하는 요건 충족 시 비과세로 펀드에 투자할 수 있다. 일반 펀드에서는 과세가 되는 해외펀드나 채권형펀드에 투자해도 세법에서 정하는 비과세요건을 충족하면 보험차익에 대해 비과세혜택을 받을 수 있는 것이다.

　그리고 빠른 시장 대응도 가능하다. 일반적으로 해외펀드는 매도하는 데 8영업일, 다시 매수하는 데 2~3영업일이 소요되는데, 변액보험은 3~5영업일이면 펀드를 교체하거나 돈을 인출할 수 있기 때문이다. 최근엔 사업비가 크게 인하되어 추가납입제도를 활용하면 1% 미만의 비용으로 가입할 수 있는 변액보험상품도 출시되었다. 즉, 보험이지만 1% 이상만 수익이 난다면 1년도 되기 전에 원금 이상이 될 수 있다는 얘기다.

이처럼 펀드와 변액보험은 다른 금융상품이다. 한때 변액보험은 높은 사업비로 인해 말도 많고 탈도 많았던 게 사실이다. 하지만 사업비 인하 및 공시의무 강화 등으로 인해 과거의 단점들이 상당 부분 개선된 상태이다.

### 알아 두면 쓸 데 있는 보험 상식

## ☑ 교통사고는 일반사고보다 납입하는 보험료 대비 지급되는 보험금이 많다?

교통사고의 보험금은 일반 사고의 보험금보다 많다. 일반 사고보다 발생 확률이 낮기 때문이다. 그러므로 보험료가 동일하다면 지급되는 보험금은 더 많다. 상해보험에서는 교통사고와 일반 사고를 구분하며, 교통사고의 경우에는 일반 사고에 비해 상대적으로 더 많은 보험금을 지급한다. 그렇다면 교통사고의 범위는 어디까지일까?

〈교통사고의 범위〉

1. 피보험자가 운행 중의 교통승용구에 탑승하지 아니한 때, 운행 중의 교통승용구(적재물을 포함)와의 충돌·접촉 또는 이들 승용구의 충돌·접촉·화재·폭발 등의 교통사고로 입은 상해

2. 피보험자가 운행 중의 교통승용구에 탑승하고 있을 때 또는 승객(입장객을 포함)으로서 승강장 안에 있을 때 피보험자가 급격하고도 우연한 외래의 사고로 입은 상해

3. 도로통행 중의 피보험자가 모든 교통승용구로부터 입은 급격하고도 우연한 상해

여기서 교통승용구는 자동차·오토바이·자전거·기차·항공기·선박·전동차·기동차·레이블카·리프트·엘리베이터·에스컬레이터 등을 말한다. 여기서 엘리베이터와 에스컬레이터 또한 교통승용구로 분리되어 있다. 따라서 엘리베이터 또는 에스컬레이터 사고는 교통사고로 보아 일반 사고보다 더 많은 보험금지급이 이뤄질 수 있다. 또 자전거를 타고 가다 혼자 넘어졌을 때도 교통승용구로 인한 사고이므로 교통사고로 분류된다. 즉, 교통사고로 인한 보험사고이므로 일반상해보험금이 아닌 교통사고로 인한 상해보험금을 청구해야 함을 알아 두자.

Level 3

## 9. 상조보험과 상조서비스는 전혀 다른 상품이다

누구나 한 번 이상은 장례를 치르게 되지만, 장례를 치러 본 경험은 많지 않다. 더군다나 갑작스러운 가족의 죽음은 큰 충격으로 다가올 수밖에 없는데, 그런 와중에 장례의 절차에서부터 장례물품까지 세심하게 챙길 수 있는 사람은 그리 많지 않을 것이다. 게다가 일시에 목돈이 지출되는 장례비용도 부담이 될 수 있다.

상조회사의 상조서비스와 보험회사의 상조보험은 이를 대부분 지원해 주기 때문에 가입이 지속해서 늘어나고 있다. 하지만 상조회사의 상조서비스와 보험회사의 상조보험은 많은 차이가 있는데, 이를 혼동하거나 잘못 이해하여 피해를 보는 사례가 발생하고 있다.

### 상조회사의 상조서비스와 보험회사의 상조보험은 다르다

상조회사의 상조서비스는 매월 약정한 금액을 가입자가 정해진 기간 동안 납입하고 약정 기간 중에 사망하는 경우, 상조회사로부터 계약했던 상조 서비스를 받는 선불식 할부거래 형태의 상조서비스계약이다.

이에 반해 보험회사의 상조보험은 피보험자가 사망 시 약정한 사망보험금을 지급하는 종신보험과 같은 성격을 지닌 보험계약이다. 그리고 사망보험금을 지급함과 동시에 관·상복·수의 등 장례물품을 지급하고 장례서비스를 대행해 준다.

## 상조서비스는 대상자가 사망해도 남은 금액을 모두 납부해야 한다

상조서비스는 말 그대로 서비스이다. 만약 납입해야 할 금액이 남아 있는 상태에서 대상자가 사망했다면, 아직 납입하지 못한 금액은 면제되는 것이 아니라 남은 금액을 계속해서 납입해야 한다. 즉, 한꺼번에 많은 자금이 장례에 들어갈 것을 대비해서 미리 분할하여 납부하는 개념으로 이해하면 된다. 그래서 다른 사람에게 양도도 가능하다.

반면에 상조보험은 말 그대로 보험이다. 상조서비스와 달리 대상자가 사망하면 더 이상 보험료를 납입하지 않아도 된다. 다만, 80세나 100세처럼 만기가 정해져 있어 만기 이후 사망 시 혜택을 받을 수 없다. 또 보험 대상자의 건강에 따라 보험가입이 거절될 수 있으며, 양도는 불가능하다.

## 상조회사의 상조서비스는 예금자보호제도가 적용되지 않는다

상조서비스를 가입할 때는 가입하는 상조회사의 안정성을 점검해야 할 필요가 있다. 상조회사에 문제가 생길 경우 본인이 가입한 상조서비스를 제대로 받지 못할 수 있고, 납입한 자금을 회수하지 못할 수도 있기 때문이다. 상조회사도 일반 회사들이 가지고 있는 위험 요소들을 가지고 있다. 대표적으로 상조회사가 부도가 나거나, 상조회사 직원 중 누군가 자금을 횡령하여 잠적하는 경우이다. 이런 경우 상조회사에 자금을 맡겨 둔 가입자는 피해를 입을 수 있다. 금융기관에 맡겨 둔 자금은 예금자보호를 받을 수 있지만 상조회사는 금융기관이 아니다. 즉, 상조회사는 예금자보호를 받지 못하기 때문에 상조회사가 부도가 나거나 누군가 횡령을 해서 잠적해 버리면 그동안 납입했던 자금을 모두 못 찾게 되는 것이다. 또 상조회사가 자금을 어떻게 운용하는지도 투명하지 않은 실정이다. 반면 보험회사의 상조보험은 예금자보호제도를 적용받을 수 있어 보험회사가 파산하더라도 예금자보험제도 한도 내에서 돌려받을 수 있다.

이처럼 상조회사의 상조서비스와 보험회사의 상조보험은 상조와 관련된 상품이지만 큰 차이가 있음을 알아 두자. 상조서비스를 가입할 때는 상조회사의 예치금의 운용 현황·재무 구조·회사의 연혁·장기 존립 가능성 등을 꼼꼼하게 확인한 후 가입할 필요가 있다.

## 알아 두면 쓸 데 있는 보험 상식

### ☑ 일본에는 '무덤'보험이 있다?

일본에서는 무덤보험이 실제로 판매되고 있다. 무덤보험은 지진이나 쓰나미와 같은 재난사고로 인하여 무덤이나 비석이 손상되는 경우 수리비를 보상해 주는 보험이다. 또 보험사고 발생 후에는 매년 성묘에 필요한 왕복 교통비도 지급해 준다. 일본은 지리적 특성상 지진과 쓰나미의 피해가 많기 때문에 무덤보험에 상당히 관심이 많다고 한다.

Level 3

## 10 누구나 빠지기 쉬운 보험사기 유혹

최근 들어 보험사기 규모가 점차 커지고 있는 상황이다. 그리고 일반 보험가입자들이 보험사기에 연루되어 피해를 보는 사례도 늘어나고 있다. 이러한 보험사기로 인해 선의의 보험가입자들의 보험료가 상승하는 악순환도 벌어지고 있다. 보험사기란 실제와는 다른 사항을 보험회사에 알림으로써 실제보다 적은 보험료를 납입하기 위한 행위, 실제 손해보다 많은 보험금을 받기 위하여 행하는 행위, 비정상적인 행위를 통해 지급받을 수 없는 보험금을 수령하는 행위 등을 말한다.

보험은 예상하지 못한 갑작스럽고 우발적인 사고로 인한 경제적 손실을 보상하기 위한 제도이지만, 일부 보험가입자들이 비정상적인 보험금 수령을 통해 개인의 이득을 위한 수단으로 악용하여 큰 문제가 되고 있다.

### 점차 커지는 보험사기 규모

보험회사는 보험금 청구가 들어왔을 때 보험금을 산정한 후 지급한다.

하지만 고액의 보험금에 대해서는 지급이 지연되는 경우가 많다. 지급이 지연되는 대표적인 이유 중 하나가 바로 보험사기 때문이다.

현재 보험사기 규모는 무시할 수 없는 수준이다. 금융감독원에 따르면 보험사기 적발 규모는 2013년 5,190억 원 → 2014년 5,997억 원 → 2015년 6,549억 원 → 2016년 7,185억 원 → 2017년 7,301억 원 → 2018년 7,981억 원으로 계속적으로 증가하고 있다고 한다. 적발된 금액만 이 정도이니, 미적발 건수까지 합한다면 그 규모는 2배 이상 크다고 추정할 수 있겠다. 유럽에서는 지급보험금의 10% 수준을 보험사기 규모로 추정하고 있다.

최근에는 강력범죄와 연관되거나 보험 관련 직무 관련자가 직접 가담하면서 조직적인 보험사기로 진화하고 있다고 한다. 이 때문에 보험회사에서는 보험금 지급심사를 더 엄격히 하고 있다. 문제는 이로 인해 합당하게 지급되어야 할 일반가입자들의 보험금 지급이 지체되거나 보험사기로 오인되어 지급이 거절되는 등 피해가 발생하고 있다는 것이다.

이러한 이유로 인하여 보험금 지급과 관련한 보험소비자 권익 향상과 보험사기 근절을 위해 보험사기방지특별법이 2016년에 제정·시행되었다.

### 📧 일반인도 보험사기범이 될 수 있다

금융감독원에 따르면 일반인들이 보험사기 전문 브로커, 지인 등의 유혹에 넘어가 수사기관에 보험사기 공범으로 적발되는 사례가 지속적으로 발생하고 있다고 한다. 더군다나 보험사기에 대한 인식이 부족하고,

고액의 보험료 납부에 대한 피해보상의식에 따라 별다른 의심 없이 보험사기에 가담하고 있다고 한다. 구인사이트·정비업체·병원 등으로 보험사기 유혹 장소가 빠르게 확산되고 있다고 하니 주의할 필요가 있다.

보험사기 제안을 아무런 의심 없이 받아들이는 순간, 일반인도 형사처벌 등 다양한 불이익에 처할 수 있다. 게다가 보험사기의 경우엔 일반 사기에 비해 수사기관의 수사 강도 및 사법당국의 처벌 수위가 월등히 높다. 보험사기 브로커들의 대표적인 사기수법으로는 "공짜로 자동차를 수리해 준다.", "실손의료보험에서 보장하지 않는 치료비도 받을 수 있게 해 주겠다.", "쉽게 돈을 벌게 해 주겠다." 등이 있다고 한다.

## 보험사기를 막기 위한 장치가 존재한다

실제로 보험사기를 인지하는 프로그램이 존재한다. 이 프로그램의 정식 명칭은 '보험사기 다잡아 프로그램(ICPS)'으로, 생명보험협회의 보험계약정보 시스템과 손해보험협회의 가계성 정액 담보조회 시스템, 보험개발원의 공제통합 시스템 등에 흩어져 있던 보험계약 및 보험금지급 정보를 한곳에 모아 개발한 것이다.

이 프로그램 덕분에 보험회사들은 보험계약 인수를 위한 심사단계에서 보험가입자가 기존에 가입했던 모든 보험정보를 한눈에 파악할 수 있게 되었다. 그리고 이 프로그램을 통해 보험금의 허위 청구와 같은 보험사기 의심 건에 대한 판단과 동일 보험 및 고액보험 추가 가입제한 등의 조치를 취할 수 있게 되었다.

물론 해당 프로그램으로 인하여 보험가입자가 과거에 보험금을 청구했던 이력 등이 남게 되어 새로운 보험상품 가입 시 불이익이 발생하는 부작용도 발생하고 있다. 실제로 소액의 병원비일지라도 일정 횟수 이상 보험금을 청구하면 이런 이력이 남아 향후 신규 보험가입 시에 가입이 거절되는 등 보험가입자에게 불리하게 적용될 수도 있다.

보험회사 자체적으로 보험사기 예방을 위한 노력을 하고 있는데, 보험회사가 하고 있는 진료비심사를 건강보험심사평가원에 위탁하여 허위·과잉진료를 통한 부당한 보험금 청구를 적발하는 가능성을 높이려 하고 있다. 또 부당하게 보험금을 수취하려고 불필요하게 입원하는 일명 '나이롱환자'를 적발하기 위해 병원 검사도 수행하고 있다. 그리고 생명보험에 가입한 지 2년이 지나면 대부분 보험금을 지급하지만 고의로 자신의 몸을 훼손해 중상을 입혔을 때는 보험금을 지급하지 않고 있다.

금융감독원 또한 보험사기 예방을 위한 노력을 기울이고 있는데, 보험사기 신고포상금을 5억 원에서 10억 원으로 대폭 상향했으며, 보험회사와 함께 '보험사기 신고센터'를 설치하여 운영 중에 있다. 내부고발자에 대한 포상가산금도 50%에서 최대 100%로 대폭 상향 조정했다.

보험사기는 남의 일이 아니라 나와 가까운 곳에서도 발생할 수 있으며, 나도 모르게 했던 일들이 보험사기로 분류될 수도 있으니 각별한 주의가 필요하다.

## 알아 두면 쓸 데 있는 보험 상식

### ☑ 보험사기 신고했더니 거금의 자금이 내 손안에?

2017년에 보험사기와 관련한 역대 최고 보상금이 지급되었다.

아내를 교통사고로 위장하여 고액의 사망보험금을 수령한 사건이었는데, 남편이 아내 명의로 무려 26건의 보험에서 96억 원의 사망보험금을 수령하는 보험계약을 체결한 것이다. 다행히 보험사기 신고로 인해 덜미가 잡히게 되었다. 이건으로 지급된 신고포상금은 무려 1억 9천3백만 원. 이는 단일사건으로 역대 최고 신고 포상금으로, 2016년 평균 포상금 대비 400배에 달하는 규모였다.

이전까지는 2013년도에 화재보험금을 노린 방화사건으로 신고자에게 1억 2천만 원을 지급한 건이 최대 보험사기 신고포상금이었다.

Level 3

## 11 가입 시 받았던 제안서와 가입한 보험상품이 다르다면?

홍길동 씨는 몇 년 전 지인의 권유로 보험상품을 제안받았다. 상담 후 본인에게 맞는 보험이라는 판단에 보험상품에 가입했다. 그런데 최근에 보험회사에서 발송한 안내장을 무심코 확인했는데 본인이 최초에 가입했던 내용과 많이 다른 것을 확인하게 되었다. 그래서 최초에 제안받았던 제안서와 약관을 꼼꼼하게 체크해 본 결과 역시나 제안서와 약관의 내용이 다르다는 것을 알 수 있었다. 만약 내가 가입한 보험이 제안받았던 당시의 제안서와 약관의 내용이 다르다면, 내 보험은 어떤 내용을 적용받을까? 보험상품은 약관이 중요하다고 하니 약관에 있는 내용이 적용되는 것일까?

### 보험 안내 자료에는 꼭 기재되어야 할 내용이 정해져 있다

보험 안내 자료란, 보험회사 또는 보험모집인이 보험 모집 활동을 위해 제작하여 보험가입자 등에게 제공되는 가입제안서·상품설명서·상품요약서 등을 말한다. 여기에는 오프라인 및 온라인 등을 통해 불특정 다수에게 알리는 보험 안내 및 홍보 자료도 모두 포함된다. 보험 안내 자료를 보험설계사 개인이 임의로 작성하여 악의적 목적으로 사용할 경우, 보험가입자가 그 자료로 인해 부당한 피해를 받을 수 있다. 그래서 금융당국은 보험 안내 자료의 기재 내용과 관련하여 필수적으로 기재해야 할 내용과 기재하지 말아야 할 내용 등을 정하여 보험가입자가 부당하게 피해 보지 않도록 규제하고 있다.

### 주요 기재 사항

1. 보험회사의 상호나 명칭 또는 보험설계사, 보험대리점 또는 보험중개사의 이름, 상호나 명칭
2. 보험가입에 따른 권리, 의무에 관한 주요 사항
3. 보험약관에서 정하는 보장에 관한 사항
4. 보험금 지급 제한 조건에 대한 사항
5. 해지환급금에 관한 사항
6. [예금자보호법]에 의한 예금자보호와 관련된 사항
7. 보험금이 금리에 연동되는 보험상품의 경우 적용금리 및 보험금변동에 관한 사항
8. 보험 안내 자료의 제작자, 제작일, 보험 안내 자료에 대한 보험회사의 심사 또는 관리번호
9. 보험상담 및 분쟁에 대한 해결에 관한 사항

## 기재 금지 사항

1. 자산과 부채에 관한 사항을 적는 경우
   - 금융위원회에 제출한 재무제표 및 사업보고서에 기재된 사항과 다른 내용의 자산과 부채에 관한 사항
2. 장래에 있을 이익의 배당 또는 잉여금의 분배에 대한 예상에 관한사항
   - 다만, 보험계약자의 이해를 돕기 위하여 계약자배당이 있는 연금보험의 경우 직전 5개년도 실적을 근거로 장래의 계약자배당을 예시할 수 있다.
3. 대중매체 등을 통한 불특정 다수인에게 알리는 경우
   - 방송, 인터넷 홈페이지 등 그 밖의 방법으로 모집을 하기 위해 보험회사의 자산 및 부채에 관한 사항과 장래의 이익의 배당 또는 잉여금의 분배에 대한 예상에 관한 사항을 불특정인에게 알리는 경우에도 위 사항은 적용됨
4. 기타 보험 안내 자료 기재 금지 사항
   - [독점규제 및 공정거래에 관한 법률] 제23조(불특정거래행위의금지)에서 규정하는 사항
   - 보험계약의 내용과 다른 사항
   - 보험계약자에게 유리한 내용만을 골라 안내하거나 다른 보험회사 상품과 비교한 사항
   - 확정되지 아니한 사항이나 사실에 근거한 사항을 기초로 다른 보험회사 상품에 비하여 유리하게 비교한 사항
   - 특정 보험계약자에게만 혜택을 준다는 내용

### 회사가 제작한 안내 자료와 약관이 다르다면 보험가입자에게 유리한 내용을 적용한다

보험약관에는 '회사가 제작한 보험안내장 등의 효력'이라는 내용이 명시되어 있다. 내용은 보험을 모집하는 자가 모집 과정에서 사용한 회사

제작의 보험 안내장의 내용이 약관의 내용과 다른 경우 보험가입자에게 유리한 내용으로 계약이 성립된 것으로 본다는 규정이다.

### 변액연금보험 약관

**제50조 회사가 제작한 보험 안내 자료 등의 효력**
보험설계사 등이 모집 과정에서 사용한 회사 제작의 보험안내자료 (계약의 청약을 권유하기 위한 자료 등을 말합니다.) 내용이 이 약관의 내용과 다른 경우에는 계약자에게 유리한 내용으로 계약이 성립된 것으로 봅니다.

출처: K생명 약관

실제로 보험회사가 제작한 안내장과 약관의 내용이 다른 경우가 있다. 심지어 청약이 이루어지기 전 단계에서 전산으로 출력되는 가입제안서도 실제 상품과 다르게 나오는 경우도 있다. 전산오류로 잘못 인자되거나 각 항목이 뒤섞여 있는 경우인데, 그럼에도 불구하고 약관보다 해당 내용이 보험가입자에게 유리하게 나와 있다면, 해당 내용이 적용될 수 있다. 그러므로 가입 시에 받았던 모든 자료들은 보관해 두는 것이 좋다.

다만, 보험회사가 제작한 안내장의 범위가 어디까지인지를 살펴봐야 한다. 만약 보험설계사에게 보험 안내자료를 받았는데 보험회사 또는 협회 등의 심의번호가 기재되어 있지 않다면 보험회사가 공식적으로 제작한 안내자료가 아니거나 허가받은 안내자료가 아니다. 따라서 해당 자료는 효력이 없을 가능성이 높다. 그러므로 최초에 제안을 받을 때 제공받은 자료들이 보험회사에서 공식적으로 제작되었거나 허가를 받은 것인지를 확인할 필요가 있다.

물론 보험설계사가 보험가입자의 편의를 위해 자료를 맞춰서 제작하는 경우도 있지만, 임의로 숫자를 변경하거나 중요한 내용을 누락할 수도 있기 때문에 문제의 여지가 있을 수 있다. 보험회사가 허가한 자료에는 심의번호가 적혀 있는데, 일반적으로 안내 자료의 앞표지와 뒤표지의 상단 또는 하단에 심의 날짜와 함께 기재되어 있다.

보험회사의 심의번호가 있는 자료라도 과거 자료나 상품이 개정되기 전 자료라면 그것도 효력이 없음을 유의하자.

## 약관이 너무 어렵다면 요약 자료라도 참고하자

보험약관은 많은 내용을 담고 있기 때문에 양도 많고 글씨도 작고 촘촘하게 적혀 있는 것이 대부분이다. 그래서 일반 책보다 더 읽기 어려운 것도 사실이다. 만약 약관을 도저히 읽기 어렵다면 각 보험회사 공시실에 있는 해당 상품의 사업방법서라도 한번 읽어 보자. 상품의 주요 특성이 나와 있는 자료이므로 주요한 내용들을 확인할 수 있다. 그리고 최근에 판매되는 상품은 쉽게 요약된 상품요약서도 공시되고 있으니 읽어 볼 필요가 있다.

## 보험회사 공시실 접속 방법_ M생명 홈페이지 예시

## 내 보험 CHECK POINT

- 보험 가입 전과 후에 받았던 모든 서류는 반드시 보관하도록 하자.
- 자료에 보험회사 심의번호가 적혀 있는지 확인하자.
- 보험 청약 시 최초 제안받은 내용과 실제 서류에 나온 내용 사이에 다른 점이 없는지 체크하자.
- 만약 심의받은 보험 안내 자료가 약관과 다르다면, 보험가입자에게 더 유리한 것으로 적용받을 수 있다.
- 약관을 보기 힘들다면, 사업방법서와 요약서를 참고하자.

Insurance

Level 4

이것만 알면
나도
보험전문가

Level 4

# 1 보험상품의 보험료 책정하는 방법

　보험상품을 가입하게 되면 보험가입자는 매월 또는 매년 일정한 보험료를 납입해야 한다. 보험료를 받은 보험회사는 추후에 보험사고가 발생하였을 때 또는 만기가 도래하였을 때 약정한 보험금을 지급해야 한다. 이를 보험용어로 '쌍무계약'이라고 부르는데, 보험가입자는 보험료 납입 의무를, 보험회사는 보험금 지급 의무를 지게 되는 것을 말한다. 그렇다면 우리가 납입해야 하는 보험료는 어떻게 정해지는 것일까?
　모든 보험상품의 보험료는 일정한 기본 원리와 통계를 통해 합리적으로 결정된다.

## 💡 첫 번째: 대수의 법칙

　주사위를 한 번 던졌을 때 어떠한 숫자가 나오게 될 것인지에 대해서 정확하게 예측하기 어렵다. 하지만 던지는 횟수를 늘리다 보면 각각의 숫자가 나오는 횟수가 점차 비슷해진다. 결국 회를 거듭할수록 각각의 숫자가 나오는 비율은 전체 던진 횟수의 6분의 1에 가까워 진다. 즉, 주사위를 한번 굴렸을 때 숫자 1에서 6 중 정확히 어떤 숫자가 나올지는 알 수 없다. 하지만 계속 주사위를 굴리다 보면 1이라는 숫자가 몇 %의 확률로 나오게 되는지는 알 수 있는 것이다. 이와 같이 어떠한 사건의 발생확률은 몇 번의 짧은 관찰로는 정확하게 예측하기 어렵지만 관찰 횟수를 늘려 가면, 일정한 확률이 나타나는 것을 확인할 수 있다. 이를 '대수의 법칙'이라고 한다.

다수의 사람들이 아닌 개개인의 경우에 우연한 사고의 발생가능성이나 발생 시기 등은 불확실하다. 하지만 개개인이 아닌 다수의 사람들을 대상으로 관찰하면, 대수의 법칙에 따라 그 발생확률을 구할 수 있다. 따라서 보험에는 개개인이 모여 다수의 가입자로 구성된 동일한 성질의 위험을 가진 단체가 존재해야만 하고, 그 단체의 가입자 수가 많으면 많을수록 확률이 일정해진다. 그래서 보험회사가 오랜 기간 영업을 영위해왔을수록, 보험가입자 수가 많을수록 보험회사는 축적된 통계를 바탕으로 더 안정적으로 운용될 수 있다.

해외에서 처음 보험이란 제도가 생겨났을 때에는 위험에 대한 데이터도 존재하지 않았고 예측도 매우 어려웠다. 정확한 통계가 없다보니 보험업자 입장에서 보면, 보험가입자로부터 얻을 수 있는 수익과 손실 예측이 불가능했던 것이다. 그래서 그 당시의 보험회사 또는 보험업자들은 높은 보험료를 제시했다가 보험가입자가 없어서 파산하거나, 그 반대로 너무나도 많은 보험금을 지급하여 파산하기도 하였다.

대수의 법칙이 적용된 대표적인 통계자료 중 하나가 바로 '경험생명표'

이다. '경험생명표'는 보험회사나 공제조합 등의 보험가입자에 대한 실제 사망 통계치를 근거로 요율을 산출한다. 또 이러한 사망 통계치를 근거로 산출된 요율 중 하나가 '사망률'인데, 이는 일정한 연령대의 사람들이 1년 간 몇 명이 사망할 것인가를 산출한 자료이다. 또한 사람의 사망률은 일반적으로 의학기술의 발달과 생활수준의 향상 등에 의해서 낮아지기 때문에 사망률을 측정하는 방법이나 기간에 따라 생명표를 분류하기도 한다. 우리나라의 보험회사는 1976년부터 국민생명표를 보정한 조정국민생명표를 사용했으며, 1989년부터 경험생명표를 사용하였다. 현재는 2019년 4월부터 적용된 제9회 경험생명표를 표준으로 사용하고 있다.

**경험생명표 평균 수명의 변동 추이**

| 회차 | 1회 | 2회 | 3회 | 4회 | 5회 | 6회 | 7회 | 8회 | 9회 |
|---|---|---|---|---|---|---|---|---|---|
| 시행 시기 | 1989 ~1991 | 1992 ~1996 | 1997 ~2002 | 2002 ~2005 | 2006.4 ~2009.9 | 2009.10 ~2012.6 | 2012.7 ~2015.3 | 2015.4 ~2019.3 | 2019.4 ~현재 |
| 남자 | 65.7세 | 67.1세 | 68.3세 | 72.3세 | 76.4세 | 78.5세 | 80.0세 | 81.4세 | 83.5세 |
| 여자 | 75.6세 | 76.7세 | 77.9세 | 80.9세 | 84.4세 | 85.3세 | 85.9세 | 86.7세 | 88.5세 |

출처: 보험개발원

이처럼 보험은 다른 금융상품에 비해 통계와 매우 밀접한 관련이 있다.

## 💡 두 번째: 수지상등의 원칙

보험은 동일한 또는 비슷한 위험에 처한 개개인 또는 다수가 합리적으로 산출된 보험료를 납입하고, 사고를 당한 구성원에게 보험금이 합리적으로 지급되도록 균형을 유지해야 한다. 대수의 법칙과 같이 개개인으로 본다면 납입한 보험료와 지급받는 보험금 사이에 차이가 날 수 있다. 그러나 전체적으로 보면 보험가입자가 납입하는 보험료 총액과 보험회사가 지급하는 보험금 및 지출비용의 총액은 동일한 금액이 되도록 해야 한다. 즉, 보험회사의 수입과 지출이 같아지도록 보험료를 결정하여야 하는 것이다. 이를 '수지상등의 원칙'이라고 한다.

실제로 보험회사가 상품을 개발하고 시중에 판매하기 위해서는 보험개발원 또는 보험계리회사의 확인 및 검증이 선행되어야 한다. 이때 필수적으로 확인 및 검증하는 것이 대수의 법칙과 수지상등의 원칙 두 가지가 적용된 계산식의 적합성 여부, 약관상 보험금 지급 내용과 계산식의 일치 여부, 준비금 계산식의 적정성 여부 등이다. 만약 보험회사에게 과도하게 유리한 보험상품이 개발되었다면 소비자보호차원에서 상품검증을 통과할 수 없다. 반대로 소비자에게 과도하게 유리한 보험상품이 개발되었다면 장기적으로 보험회사의 안정성에 문제가 발생할 수 있기 때문에 상품검증을 통과할 수 없다. 만약 그러한 상품이 검증을 통과하였다 하더라도, 향후 문제가 발생할 경우 금융당국에서 사후감독을 통해 해당 보험회사에 엄격한 제재를 가할 수 있다.

이처럼 보험상품의 보험료와 보험금은 보험사고 발생에 대한 공평한 위험분담을 위해 대수의 법칙을 기초로 하여 작성된 생명표와 수지상등의 원칙 등에 맞게 산출된다. 그러므로 보험료가 과도하게 낮다면 보험금이 적거나 보장항목이 제한적인 것은 아닌지 점검해 볼 필요가 있고, 보험료가 과도하게 높다면 필요 이상으로 보장항목이 많거나 보장금액이 큰 것은 아닌지 점검해 볼 필요가 있다.

### 알아 두면 쓸 데 있는 보험 상식

#### ☑ 세상에서 보험금 지급확률이 가장 낮은 보험은?

보험금 지급확률이 낮은 상품은 그만큼 보험료도 매우 저렴하다. 발생확률이 낮으므로 다수에게 적은 보험료만 받아도 충분히 보험금을 지급할 수 있기 때문이다. 반대로 지급하는 보험금대비 보험료가 비싸다면 그만큼 보험금 지급확률이 높다는 뜻이다.

지급하는 보험금 대비 납입하는 보험료가 낮은 보험상품 중 하나는 미국의 UFO(미확인 비행 물체)보험이다. 외계인에게 납치되거나 유괴된 경우 약 120억 원, 잡아먹힌 경우 여기에 2배인 약 230억 원을 보상한다. 하지만 보험료는 연간 3만 원이 채 되지 않는다. 그만큼 확률이 낮다는 얘기다. UFO가 존재하지 않을 가능성도 높기 때문에 보험회사는 적은 보험료만 받아도 부담이 되지 않는 것이다.

UFO보험의 가입자는 이미 2만 명을 넘어섰으나 아직까지 보험금을 수령한 사람은 없다고 한다.

Level 4

## 2. 보험의 수익구조를 알면 보험상품이 보인다

보험회사는 기본적으로 보험상품 판매 및 자금운용을 통해 수익을 얻는다. 보험상품은 일반적인 금융상품과 달리 여러 가지 통계 자료와 예측치가 반영되는데, 여기에 반영되는 수치들이 어떻게 적용되는지를 알면 보험상품으로 인해 손해 보지 않을 수 있다.

보험상품은 보험회사에서 최초 예측한 위험률과 보장내용 등에 따라 보험요율이 결정된다. 보험요율이란, 보험계약을 체결할 때 보험료를 결정하는 비율을 말한다. 이러한 보험요율에는 보험회사가 최초 예측한 이율과 위험률, 사업비 등이 포함되며, 이를 예정이율·예정위험률·예정사업비율이라고 칭한다. 여기서 실제로 발생한 실제이율·실제위험률·실제사업비율과의 차이만큼이 보험회사에게 수익 또는 손실이 된다.

## 보험업법 제129조 (보험요율 산출의 원칙)

보험회사는 보험요율을 산출할 때 객관적이고 합리적인 통계 자료를 기초로 대수의 법칙 및 통계신뢰도를 바탕으로 하여야 하며, 다음 각 호의 사항을 지켜야 한다.

1. 보험요율이 보험금과 그 밖의 급부에 비하여 지나치게 높지 아니할 것
2. 보험요율이 보험회사의 재무건전성을 크게 해칠 정도로 낮지 아니할 것
3. 보험요율이 보험계약자 간에 부당하게 차별적이지 아니할 것

## 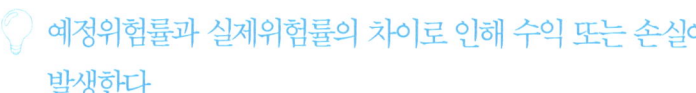 예정위험률과 실제위험률의 차이로 인해 수익 또는 손실이 발생한다

최초 보험상품을 개발할 때 향후 발생 가능한 위험률을 예측하는데, 이를 '예정위험률'이라 한다. 이렇게 예측한 위험률을 적용하여 보험가입자에게 그에 상응하는 위험보험료를 받는다. 이때 받은 위험보험료보다 실제로 지급한 보험금이 적다면, 보험회사는 이익을 얻게 된다. 이를 '위험률차익'이라고 하며, 반대로 받은 위험보험료보다 실제로 지급한 보험금이 많으면 손실이 발생하는데, 이를 '위험률차손'이라고 한다. 보험회사는 안정적인 보험금 지급 및 재무건전성 확보를 위해 통상적으로 예정위험률은 과거 통계치를 기반으로한 위험률보다 일정 수준 높게 설정한다. 아무리 정교하게 예측을 하더라도 미래에 정확히 맞아떨어지기란 쉽지 않기 때문이다. 과거에 보험회사에게 위험률차익을 많이 안겨 준 상품은 사망 시 사망보험금을 지급하는 종신보험이었다. 그 이유는 최초 상품이 개발되고 판매되었을 때보다 계속해서 평균 수명이 증가하여 보

험회사에서는 최초 예상보다 더 늦게 보험금을 지급할 수 있게 된 데 있다. 그 기간 동안 보험회사는 보험금이 지급되기 전까지 자금을 더 운용할 수 있었기 때문에 보험회사에게 유리하게 적용될 수 있었던 것이다.

반대로 보험회사에게 위험률차손을 많이 안겨 준 상품은 특정 질병 발생 시 보험금을 지급하는 건강보험이었다. 보험연구원에 의하면, 2000년대 초반 많이 판매되었던 질병 및 재해수술 담보의 경우 실제발생률은 매년 30%이상씩 증가해서 2차 년도부터 위험률차손이 발생하였다. 암보험도 마찬가지로 조기검진 및 과거보다 오래 사는 이유로 인해 발병률이 지속적으로 증가하면서 암보험을 주력으로 판매한 보험회사들은 위험률차손을 입었다. 건강보험은 종신보험보다 많은 변수가 있기 때문에 최초 예측과 실제 발생률이 크게 다를 경우 보험회사의 손실로 직결될 가능성이 높다. 실제로 종신보험 위주의 상품에 치중한 회사의 경우 2013년에 40%의 위험률차익이, 건강보험에 치중한 회사의 경우 15%의 위험률차손이 발생하기도 하였다. 그래서 위험률차익이 안정적이지 못한 상품의 경우 정기적으로 위험보험료를 조정할 수 있는 갱신형보험으로 모습을 바꿔 상품을 출시하였다. 그래서 예상위험률과 실제위험률이 달라졌어도 보험료 갱신을 통해 향후 발생할 수 있는 위험률차손을 줄였다. 쉽게 말해 보험금 지급이 많아지면 그 다음 갱신시점에 보험료가 오르게 되고, 보험금 지급이 줄어들면 보험료도 하락하게 되는 것이다. 따라서 갱신보험에 가입한 후 보험료가 급격히 올랐다면 그 만큼 해당 나이때의 위험률도 많이 올랐다고 해석할 수 있다. 위험률은 나이에 따라 정률적으로 상승하는 것이 아닌 우상향하는 형태로 상승한다. 즉, 일정시점이 지나면 급격히 위험률이 상승하여 보험료가 크게 올라갈 수 있다.

**위험률 그래프**

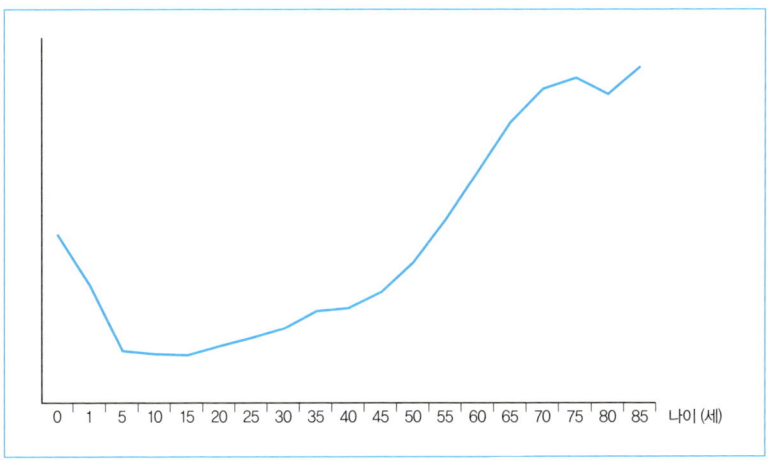

💡 예정이율과 실제이율의 차이로 인해 수익 또는 손실이 발생한다

최초 보험상품을 개발할 때 해당 보험이 유지되는 기간 동안의 평균적인 이율을 예측하는데, 이를 '예정이율'이라 한다. 기본적으로 보험상품은 10년 이상 장기 유지되는 상품이기 때문에 예정이율은 시장금리보다 낮은 수준으로 결정한다. 그래서 향후 시장금리가 일정 수준 하락해도 큰 손실이 발생하지 않도록 한다.

보험회사의 자산운용 결과 운용수익률이 예정이율을 초과할 경우 '이자율차익'이 발생되고, 그 반대의 경우에는 '이자율차손'이 발생된다. 투자수익률은 시장금리에 영향을 받을 수밖에 없는데, 과거 고금리시기에 판매했던 상품의 경우엔 예정이율보다 높은 실제이율로 인하여 이자율차손이 지속적으로 발생하고 있다. 실제로 1997년 외환위기 당시 보험회사들은 유동성 위기를 극복하기 위해서 연 5~13%의 금리를 보장하는 상품을 판매하였다. 하지만 시중금리가 지속적으로 하락하면서 그 당시 판매되었던 상품에서 이자율차손이 크게 발생했다. 이러한 이자율차손 문제를 해결하기 위하여 높은 금리를 보장하는 확정금리형 상품에서 대부분 금리연동형 상품으로 전환하여 상품을 판매하기 시작했다. 하지만 과거 확정고금리로 판매한 상품은 아직도 이자율차손이 지속적으로 발생하고 있는 상황이다.

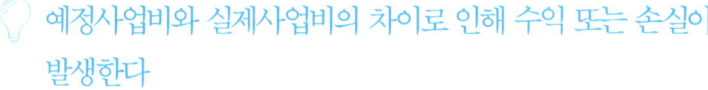

### 예정사업비와 실제사업비의 차이로 인해 수익 또는 손실이 발생한다

최초 보험상품을 개발할 때 향후 발생 가능한 비용을 예측하는데, 이를 '예정사업비율'이라 한다. 사업비 항목에는 직원에게 지급하는 인건비, 설계사에게 지급하는 판매수당, 인쇄물, 광고 등에 사용되는 비용 등이 포함된다. 보험회사가 사업비를 최초에 과도하게 책정하거나, 예상보다 적은 사업비를 사용하게 되는 경우 '사업비차익'이 발생하고, 반대로 사업비를 과도하게 사용하는 경우 '사업비차손'이 발생한다. 예를 들어 보험회사가 실적을 확대하기 위해 설계사에게 지급하는 판매수당을 높게 책정하는 경우, 비용이 증가하여 초기에 사업비차손이 크게 발생할 수 있다.

**보험요율별 차익**

예정위험률 − 실제위험률 ➡ 위험률 차익
예정이율 − 실제이율 ➡ 이자율 차익
예정사업비율 − 실제사업비율 ➡ 사업비 차익

위의 위험률차익·이자율차익·사업비차익의 세 가지 항목 중 보험회사에게 안정적으로 수익을 안겨주었던 항목은 무엇이었을까? 바로 사업비차익이었다. 실제로 보험상품의 높은 사업비가 이슈가 된 것은 하루 이틀 전의 일이 아니다. 그래서 사업비가 보험에 대해 부정적인 인식을 갖게 된 대표적인 원인으로 지목되기도 한다. 하지만 이 사업비차익은 미래의 타 수익원의 손실 가능성에 대비하는 의미도 지니고 있다. 보험상품은 장기상품이기 때문에 최초 상품을 개발할 때 굉장히 정교하게 개발되어야 한다. 하지만 아무리 정교하게 상품을 개발해도 그 예측이 틀릴 가능성이 높다. 적어도 10년, 길게는 100년을 보장해야 하는데, 그 기간에 변수가 발생할 확률이 매우 높기 때문이다.

1990년대와 현재를 비교해 보면 금리는 하락했고, 평균 수명은 증가했다. 또 건강검진을 통해 질병을 조기에 발견하여 치료할 수 있게 되었고,

과거에 치료가 불가능했던 질병들이 지금은 치료가 가능해졌다. 그리고 치료하는 데 오랜 시간이 걸렸던 질병들이 지금은 보다 빠르게 치료가 가능해졌다. 이런 여러 변화로 인해 보험회사가 최초 예상했던 평균적인 보험금 지급 시기와 금액 등이 실제와 많은 차이가 발생하게 된 것이다.

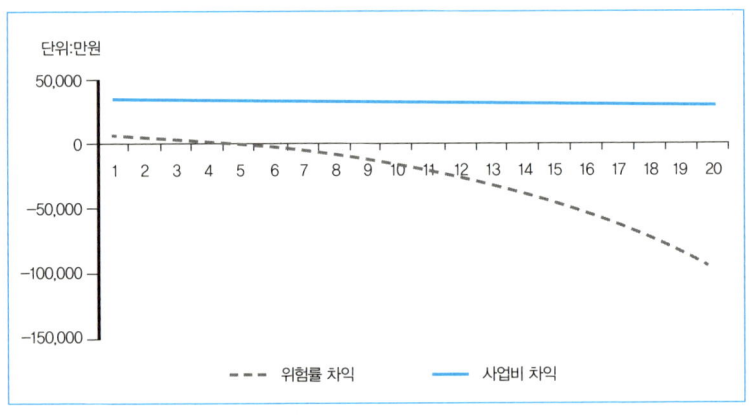

출처: 보험연구원

보험연구원 연구자료(보험회사 수익구조 진단 및 개선방안_2014.11)에 의하면 위의 그래프처럼 기간이 지날수록 보험상품에서 발생하는 위험률차손이 점점 커지고 있는 것을 확인할 수 있다. 이는 최초 예측했던 예정위험률과 실제 발생하는 위험률이 적중하지 않고 차이가 발생하여 보험회사에 손실을 안겨 주고 있음을 의미한다. 그래서 보험회사 입장에서는 상품유지 기간 동안 상황 변화로 인한 손실가능성을 대비하기 위해 초기에 사업비를 높게 책정하여 미래에 발생할 가능성이 있는 손실가능성을 사전에 보완하는 목적도 갖고 있었다.

하지만 지금은 보험산업 선진화방안 등 보험산업의 여러 제도적 개선으로 과도하게 부과하였던 사업비는 인하되고 있으며, 위험요율 산정에 있어 위험률에 안전할증률을 적용하여 더 합리적으로 보험상품이 개발될 수 있도록 개선되었다. 실제로 위험률과 안전할증률 적용기준 등의 규제 완화는 보험회사에서 위험요율 산출을 더욱 정교하게 하여 보험소비자에게 불이익을 줄 수 있는 초기사업비를 낮출 수 있으리라 기대되고 있다.

이처럼 보험상품은 초기 상품이 개발될 때 예측한 보험요율과 실제로 발생한 실제요율의 차이로 수익 또는 손실이 발생한다. 현재 보험회사는 사업비차익을 통해 꽤 많은 수익을 얻고 있지만 이자율차익부분은 과거 고금리계약으로 인하여 손실도 발생하고 있으며, 위험률차익부분은 장기 보유한 보험가입자가 많을수록 향후에 보험회사에는 부담으로 다가올 수밖에 없다. 즉, 보험계약은 초기에는 비용적인 단점은 있지만 장기간 유지할수록 보험가입자 입장에서는 유리한것이다.

반대로 중도에 해약을 하면 보험회사 입장에서 유리할 가능성이 높다. 보험회사 입장에서는 보험가입자가 나이가 많아질수록 보험금을 지급할 확률은 높아지게 되는데, 중간에 해약을 하면 보장을 해주지 않아도 되기 때문에 오히려 반길 수도 있는 것이다. 보험가입자 입장에서도 보장도 제대로 받지 못하고 납입한 보험료보다 더 적은 금액을 돌려받아 손해를 입는다.

그러므로 한번 보험을 가입했다면 가능하면 오랜 기간 유지하는 것이 가장 바람직하다. 그리고 신규로 가입을 고민하고 있다면 중간에 해약한다는 생각은 가급적 하지 않는 것이 좋다.

## 알아 두면 쓸 데 있는 보험 상식

### ☑ 9·11 테러 당시 지급된 보험금 때문에 보험회사가 망했다?

2001년 9월 11일. 4대의 민간항공기를 납치한 이슬람 테러단체에 의해 동시다발적인 테러가 발생한다. 뉴욕 110층의 세계무역센터의 쌍둥이 빌딩에 비행기 두 대가 부딪혀 두 건물 모두 무너졌고, 워싱턴의 국방부 청사인 펜타곤도 공격을 받았다.

전 세계 사람들을 모두 패닉으로 몰아넣었던 9·11 테러사건. 이로 인해 천문학적인 보험금이 지급되었는데 그 액수는 무려 48조 원이나 되었다고 한다. 이 당시 여러 보험회사가 동시에 보험을 인수하여 보장하는 방법인 공동인수보험형태로 보험을 인수하였으나, 이때 지급된 보험금 규모로 인해 여러 개의 재보험회사가 동시에 부도나는 상황이 발생했다. 그 이후로 테러 행위로 인한 피해에 대해서는 보험금으로 지급하지 않아도 된다는 면책조항이 신설되었다고 한다.

Level 4

## 3 보험상품에서 발생하는 비용들 파헤치기

보험상품에 대한 비용 및 수수료 항목은 다양하다. 상품 자체가 장기 상품이고 여러 가지 기능이 복합적으로 들어가 있기 때문에 그로 인한 비용도 세분화되어 있다. 그래서 이러한 보험상품의 비용 및 수수료 구조를 올바로 알아야 보험으로 손해 보지 않고 장기간 유지할 수 있다.

다음 페이지의 표는 보험상품 가운데 저축성보험의 기본비용 및 수수료에 대해 정리한 것이다. 보험 상품 하나에도 다양한 종류의 비용들이 있기 때문에 내가 가입한 보험상품에서는 어떤 비용들이 차감되는지 알아 둘 필요가 있다.

## 저축성보험 기본 비용 및 수수료 예시

| 구분 | 목적 | 시기 | 비용 |
|---|---|---|---|
| 보험관계비용 | 계약체결비용 | 매월 | 납입 시 기본보험료의 2.430% (486,000원) |
| | 계약관리비용 | 매월 | 납입 후 60개월까지 기본적립금의 0.0166667%<br>(단, 60개월까지 총 누적한도는 300,000원)<br>61개월부터 없음 |
| | 위험보험료 | 매월 | 기본보험료의 0.00085%~0.00773% (170원~1,545원) |
| 특별계정 운용비용 | 특별계정 운영보수 | 매일 | 아시아그레이트컨슈머주식형: 적립금의 0.00181% (연 0.660%)<br>중국본토주식형: 적립금의 0.00181% (연: 0.660%)<br>유럽주식형: 적립금의 0.00181% (연 0.660%)<br>MMF형: 적립금의 0.00047% (연 0.170%) |
| | 증권거래비용 및 기타비용 | 사유 발생시 | 아시아그레이트컨슈머주식형: 적립금의 0.00181% (연 0.660%)<br>중국본토주식형: 적립금의 연 0.002%<br>유럽주식형: 적립금의 0.029%<br>MMF형: 적립금의 0.007% |
| | 기초펀드의 보수비용 | 매일 | 아시아그레이트컨슈머주식형: 적립금의 0.00164% (연 0.602%)<br>중국본토주식형: 적립금의 0.00172% (연: 0.631%)<br>유럽주식형: 적립금의 0.00127% (연 0.464%)<br>MMF형: 적립금의 0.00028% (연 0.102%) |
| 보증비용 | 최저사망 보험금보증 | 매월 | 적립금의 0.00500% (연 0.06%) |
| 투자실적 연금전환 후 | 연금수령 기간 중의 관리비용 | 연금 수령시 | 연금액의 0.5% |
| 해지 공제 | 해지에 따른 페널티 | 해지시 | 아래 도표 참조 |

출처: B생명 가입제안서

## 💡 보험료는 순보험료와 부가보험료로 구성되어 있다

순보험료는 위험보험료와 저축보험료로 구성되어 있다. 위험보험료는 보험 본연의 기능을 위한 보험료로 미래에 보험사고가 발생했을 시 보험금을 지급하기 위한 재원으로 쓰인다. 저축보험료는 저축과 재산증식 기능을 위한 보험료로 만기 또는 해약 시 지급되는 보험금 재원으로 사용된다.

부가보험료는 보험가입자가 부담하는 비용으로, 계약체결비용과 계약관리비용으로 이루어져 있다. 계약체결비용은 계약 체결 시 판매회사 또는 보험설계사에게 직접적으로 지급되는 수당이고, 계약관리비용은 보험회사에서 상품을 유지하기 위해 받는 수수료이다.

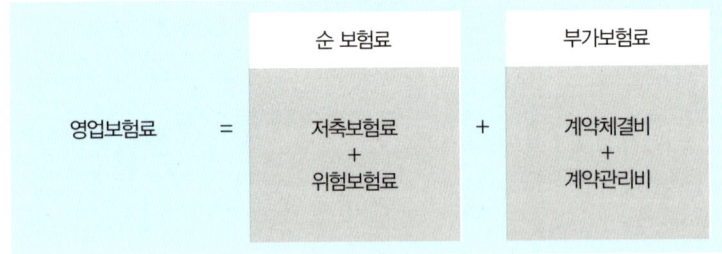

보험료의 구성

## 💡 변액보험과 같이 펀드로 운영되는 보험상품은 특별계정 운용비용이 발생한다

변액연금보험 또는 변액(적립/유니버셜)보험은 펀드로 운용되는 보험상품이다. 그래서 펀드운용과 관련된 비용이 발생한다.

비용 항목에는 펀드에서 기본적으로 발생하는 기초비용 항목과 증권거래비용 및 기타비용 항목이 있다. 비용 항목은 일반펀드와 비슷하다. 다른 점은 개인이 투자할 수 있는 펀드가 아닌 기관이 투자할 수 있는 펀드Class로 편입되기 때문에 발생하는 비용이 상대적으로 저렴한 것이 특징이다. 기관Class펀드는 큰 목돈이 투자되는 경우가 많기 때문에 보수가 저렴하다. 또 특별계정 운용보수라는 비용이 발생하는데, 이는 보험회사가 펀드를 직접 운용하는 데 발생하는 비용이다. 모든 변액보험펀드는 fund of fund 형태인 재간접펀드로 구성되어 있다. 보험가입자가 펀드를 선택하면 그 펀드가 직접 주식이나 채권을 직접 투자하는 것이 아니라 주식이나 채권을 투자하는 펀드에 재투자하는 것이다. 그 펀드 선정을 보험회사의 특별계정 관련팀에서 실시하게 되는데, 그와 관련되어 발생되는 비용이 특별계정 운용비용이다. 그래서 특별계정 관련하여 발생하는 모든 비용을 합하면 일반 펀드보다 저렴하거나 비슷한 수준이다. 물론 펀드별로 비용의 차이는 있다.

이렇게 특별계정운용비용이 발생하기 때문에 보험 안내 자료와 설명자료에는 특별계정비용을 감안한 순수익률도 의무적으로 표기하도록 되어 있다.

## 해약환급금 예시

| 경과 기간 | 실납입 보험료 | 특별계정 투입금액 누계 | 투자수익률 0.0% 가정 (순수익률 -0.8%) | | 투자수익률 2.5% 가정 (순수익률 1.7%) | | 투자수익률 3.75% 가정 (순수익률 2.95%) | |
|---|---|---|---|---|---|---|---|---|
| | | | 해지환급금 | 환급율 | 해지환급금 | 환급률 | 해지환급금 | 환급율 |
| 3개월 | 900,000 | 844,560 | 729,498 | 81.1 | 733,664 | 81.5 | 735,711 | 81.7 |
| 6개월 | 1,800,000 | 1,689,120 | 1,577,289 | 87.6 | 1,591,888 | 88.4 | 1,599,086 | 88.8 |
| 9개월 | 2,700,000 | 2,533,680 | 2,423,376 | 89.8 | 2,454,695 | 90.9 | 2,470,193 | 91.5 |
| 1년 | 3,600,000 | 3,378,240 | 3,267,764 | 90.8 | 3,322,111 | 92.3 | 3,349,103 | 93.0 |
| 2년 | 7,200,000 | 6,756,480 | 6,628,385 | 92.1 | 6,838,355 | 95.0 | 6,944,185 | 96.4 |
| 3년 | 10,800,000 | 10,134,360 | 9,961,723 | 92.2 | 10,429,977 | 96.6 | 10,669,485 | 98.8 |
| 4년 | 14,400,000 | 13,512,240 | 13,268,356 | 92.1 | 14,098,976 | 97.9 | 14,530,132 | 100.9 |
| 5년 | 18,000,000 | 16,889,760 | 16,548,143 | 91.9 | 17,846,665 | 99.1 | 18,530,709 | 102.9 |
| 6년 | 18,000,000 | 16,850,160 | 16,375,179 | 91.0 | 18,193,666 | 101.1 | 19,167,948 | 105.5 |
| 7년 | 18,000,000 | 16,810,200 | 16,203,253 | 90.0 | 18,547,829 | 103.0 | 19,828,121 | 110.2 |
| 8년 | 18,000,000 | 16,770,240 | 16,032,715 | 89.1 | 18,909,673 | 105.1 | 20,512,435 | 114.0 |
| 9년 | 18,000,000 | 16,729,920 | 15,863,194 | 88.1 | 19,279,001 | 107.1 | 21,221,406 | 117.9 |
| 10년 | 18,000,000 | 16,689,600 | 15,695,041 | 87.2 | 19,656,339 | 109.2 | 21,956,302 | 122.0 |
| 15년 | 18,000,000 | 16,481,880 | 14,942,703 | 83.0 | 21,771,167 | 121.0 | 26,177,499 | 145.4 |
| 20년 | 18,000,000 | 16,259,760 | 14,231,870 | 79.1 | 24,171,709 | 134.3 | 31,302,680 | 173.9 |

## 💡 최저연금 및 최저사망보험금 보증을 위한 비용도 발생한다

보험상품은 특성 상 중도에 해지를 하지 않는다면 납입한 원금 또는 납입한 원금과 일정 수준의 이자를 보증한다. 이러한 금액을 보증하기 위해 차감하는 비용이 최저사망 보증비용과 최저연금 보증비용 등이다.

최저사망 보증비용은 보험계약 유지기간 동안 사망 시 지급되는 보험금이 납입원금이 되지 않으면 원금 이상을 지급하기 위한 재원으로 쓰인다. 예를 들면, 1억 원의 자금을 변액저축보험에 투자하였는데 큰 손실이 발생하여 5천만 원이 된 상태로 보험가입자가 사망하였다면, 보험회사에서는 납입한 원금 1억 원을 되돌려 주는 것이다. 해당비용은 대부분의 변액보험에 적용된다.

최저연금 보증비용은 연금개시시점까지 유지하였으나 손실이 발생한 경우 납입한 원금 또는 납입한 원금과 일정 수준의 이자를 보증하기 위한 재원으로 쓰인다. 예를 들면, 1억 원의 자금을 변액연금보험에 투자하였는데 손실이 발생하여 9천 만원인 상태로 연금개시시점이 되었다면, 보험회사에서는 납입한 원금 1억 원을 기준으로 연금을 지급하는 것이다. 해당비용은 변액연금보험에 적용된다.

이 외에도 다른 보증기능이 있다. 보험상품별로 보증항목에 차이가 있기 때문에 본인의 보험에 어떤 보증기능이 있고 그 기능을 위해 얼마의 비용이 발생하는지 알아 둘 필요가 있다. 보증비용은 보험가입자가 납입한 보험의 적립금에서 차감된다.

**각종 보증비용 항목**

| 구분 | | 특징 | 연간 비용 |
|---|---|---|---|
| 생존 급부 | GMAB (Guaranteed Minimum Accumulation Benefit) | 연금 개시 전 보험 기간의 실적에 관계없이 연금 개시 시점에 최저보증 제공 (기납입보험료 100% 또는 단계별보증수준 증액 등 다양한 형태 존재) | 0.3% ~0.8% |
| | GMWB (Guaranteed Minimum Withdrawal Benefit) | 특정 시점 이후 미리 정한 금액의 인출을 일정 기간 보증 (교육보험의 교육자금 최저보증 형태가 많음) | 0.2% ~0.3% |
| | GLWB (Guaranteed Minimum Lifetime Withdrawal Benefit) | 연금 개시 시점 이후 미리 정한 금액 (연금액)의 인출을 종신토록 보증 (연금 개시 나이에 따른 지급률 차등화) | 0.6% ~1.5% |
| | GMIB (Guaranteed Minimum Income Benefit) | 연금 개시 전 보험 기간의 실적에 관계없이 연금연액 최저 보증 | 0.8% ~1.2% |
| 사망 급부 | GMDB (Guaranteed Minimum Death Benefit) | 사망 시 사망보험금에 대한 최저 보증 (연금 : 기납입보험료, 종신 : 가입금액) | 0.04% ~0.1% |

출처: 보험연구원

## 💡 연금으로 수령한다면 연금관리비용이 발생한다

연금보험상품은 제1보험기간과 제2보험기간으로 분류된다. 제1보험기간은 연금을 받기 전 기간, 제2보험기간은 연금이 개시된 기간으로 보면 된다. 제2보험기간이 되면 연금을 수령하게 되는데, 대부분의 상품에서 보험관계비용은 모두 '0'이 되고 연금관리비용만 남게 된다. 연금관리비용은 연금수령액의 0.5% 수준으로 저렴하다.

## 💡 조기 해약 시 향후에 발생할 비용을 일괄적으로 차감하는 항목이 있다

해지공제라 불리는 미상각 신계약비라는 비용 항목이 있다. 해지공제는 일정 기간 내에 중도해약 시 발생하는 비용으로, 일정 수수료를 차감한 후 남은 금액을 보험가입자에게 지급한다. 이러한 비용을 차감하는 이유가 있다. 보험상품을 판매하면 보험대리점 또는 보험설계사에게 각종 수당을 포함한 비용 등을 지출하게 되는데 이 비용을 대부분 선지급한다. 그리고 이 선지급한 비용을 보험가입자가 납입하는 보험료를 받아 충당하는 것이다. 그런데 이 비용이 모두 충당되기 전에 보험계약이 해약되면, 아직 차감하지 못한 남은 비용을 한꺼번에 차감시키고 지급한다. 장기간 유지한다면 크게 중요하지 않지만 중간에 해약 시 해지공제비용도 발생할 수 있음을 알아 두어야 한다. 후취형 보험상품의 경우, 해지공제가 없는 상품도 있다.

### 해지공제 예시

| 경과시점 | 1년 | 2년 | 3년 | 4년 | 5년 | 6년 | 7년 | 7년이상 |
|---|---|---|---|---|---|---|---|---|
| 해지공제 금액(만원) | 10 | 8 | 5 | 3 | 0 | 0 | 0 | 0 |
| 해지공제 비율 | 2.7% | 1.0% | 0.4% | 0.2% | 0.0% | 0.0% | 0.0% | 0.0% |

## 💡 추가 납입할 때와 중도 인출할 때, 그리고 펀드 변경할 때에도 수수료가 발생할 수 있다

보험상품엔 추가납입제도가 있다. 이 제도는 기본보험료 외에 일정금액을 추가로 보험에 납입할 수 있게 해주는 제도이다. 추가납입 시 추가 납입 금액에서 일정률의 수수료를 차감하고 보험상품에 투입한다. 보험상품에 투입한다. 최근엔 많은 상품들이 추가납입수수료를 대폭 인하해서 수수료가 1% 미만이거나 아예 받지 않는 상품들도 존재한다. 따라서 저축성보험을 가입할 때는 추가납입기능을 활용해서 보험에 가입하면 더 유리할 수 있다.

그리고 중도인출제도가 있다. 이 제도는 보험에 쌓여진 적립금의 일부를 인출할 수 있게 해주는 제도이다. 중도인출 시에 수수료가 발생할 수 있는데, 대부분 2천 원 미만이거나 수수료가 없다.

또 펀드변경제도도 있다. 변액보험에서는 펀드를 변경할 수 있는데 펀드 변경 시 수수료가 발생할 수 있다. 현재 대부분의 변액보험은 펀드변경수수료가 없거나, 최대 2천 원 미만의 수수료가 부과된다.

**추가비용 예시**

| 구분 | 목적 | 시기 | 비율 |
|---|---|---|---|
| 추가납입보험료 | 계약관리비용 | 납입 시 | 5년 이내: 추가 납입 보험료의 2.7%<br>5년 이후: 추가 납입 보험료의 2.5% |
| 펀드변경수수료 | 펀드변경에 따른 비용 | 펀드 변경 시 | 없음 |
| 중도인출수수료 | 중도인출에 따른 비용 | 펀드 인출 시 | 없음 |

## 💡 장기간 유지하면 차감한 수수료를 되돌려주는 제도가 있다

장기간 보험을 유지한 보험가입자에게 일정 금액 또는 일정률의 사업비를 되돌려주는 '장기유지 보너스 제도'가 있다. 납입이 끝난 시점에 일정률의 수수료를 되돌려주거나 일정 기간이 지난 후 일정률의 수수료를 보너스 형태로 되돌려주는 구조이므로 장기간 유지하는 보험가입자에게 유리한 기능이다. 상품에 따라 해당 기능이 없을 수 있다.

이렇게 비용 항목이 다양하기 때문에 비용이 많은 것처럼 느껴질 수 있을 듯하다. 하지만 보험상품은 대부분의 비용을 기본보험료를 기준으로 차감하기 때문에 보험에 쌓이는 적립금이 커져도 비슷한 수준의 비용이 발생하며, 일정 기간이 지나면 오히려 수수료가 줄어든다. 예를 들어, 매월 납입하는 보험료가 10만 원이고 부과되는 사업비가 5%라면, 매월 5천 원의 사업비만 부과하고 더 이상 높아지지 않는다. 그리고 일정 기간이 지나면 사업비가 더 줄어든다. 반대로 펀드와 같은 금융상품은 잔고에 일정률의 수수료를 부과하는 방식이다. 그래서 자산이 커질수록 부과되는 비용도 점차 커진다. 보험상품이 펀드와 같은 금융상품보다 발생하는 비용이 많으나 시간이 지나면 보험상품의 비용이 더 적어지는 것이다.

각 보험협회 공시실에는 보험상품에 대한 가격지수 및 비용·환급률 등을 손쉽게 비교·확인해 볼 수 있다. 보험상품 가입을 염두해 두고 있다면, 가입 전 공시된 자료를 활용해 비교해 보는 것이 좋다.

## 알아 두면 쓸 데 있는 보험 상식

### ☑ 보험상품은 추가납입기능을 활용하면 유리하다?

대부분의 보험상품에는 추가납입기능이 탑재되어 있는데, 추가납입비용이 신규계약 비용보다 저렴하다. 그래서 보험을 가입하는 입장에서는 추가납입기능을 최대한 활용하는 것이 더 유리하다.

최근에는 저축성보험의 사업비용을 크게 인하한 상품들이 판매되고 있다. C생명의 변액적립보험의 경우, 목돈으로 가입하는 일시납상품 기준으로 계약체결비 2.4% 수준이 발생한다. 추가납입기능은 최대 2배까지 할 수 있는데, 추가납입 수수료가 '0'으로 수수료가 발생하지 않는다. 만약 계약 시에 2배 추가납입을 한다면 1% 미만의 저렴한 비용으로 변액보험에 가입할 수 있다. 또 일반 펀드와 비교 시 동일한 수익률을 가정한다면 1~2년만 지나도 일반 펀드보다 환급률이 더 좋아질 수도 있다.

그러므로 추가납입기능을 최대 활용하는 것이 보험가입자에게 보다 더 유리하니, 적극적으로 활용할 필요가 있다.

Level 4

# 4. 싸고 좋은 보험은 드물다

어느 날 홈쇼핑 방송 또는 보험회사의 홍보 전화를 통해 좋아 보이는 보험상품을 발견하게 되었다. 보장 내용이 좋아 보였는데도 불구하고 보험료는 굉장히 저렴했다. 보험료가 저렴하고 보장 내용이 좋은 보험은 정말 존재하는 것일까?

그런 상품은 있을 순 있지만 사실 거의 없다. 앞서 보험상품은 대수의 법칙과 수지상등의 원칙이 적용되어 보험료와 보험금이 정해진다고 하였다. 그러므로 보험료가 과도하게 저렴한, 아니 저렴해 보이는 보험상품이 있다면 몇 가지 체크할 필요가 있다.

 **발생 확률이 낮다**

보험료가 낮고 보험금이 높은 상품은 그만큼 보험사고 발생 확률이 낮다. 손해보험상품의 예를 들면, 사망보험금은 같더라도 상해사망의 보험료는 질병사망의 보험료보다 낮다. 이유는 발생확률이 다르기 때문이다. 사망의 확률을 보면 전체의 85%가 질병사망이고 15%가 상해사망이다. 나이가 들면 들수록 질병사망의 위험은 급격히 높아지는데 반해, 상해사망은 사고로 인한 사망이기 때문에 오히려 위험률이 낮아질 수도 있다. 나이가 들수록 외부에서 활동하는 시간이 줄어들 수밖에 없는데, 그와 비례해서 다칠 위험도 줄어들기 때문이다. 그래서 동일한 사망보험금을 지급하더라도 질병사망의 보험료보다 상해사망의 보험료가 더 저렴한 것이다.

화재보험의 경우에도 보험료는 월 1~2만 원 수준이지만 보험금은 1억 원 이상이 보장된다. 그만큼 살아생전에 본인의 집에서 화재가 날 확률이 낮기 때문이다. 또 대중교통을 타고 가다 사망하면 큰 보험금이 지급되지만, 보험료는 천 원이 채 되지 않는다. 그만큼 대중교통을 이용하면서 다칠 수는 있어도 사망사고가 나기 쉽지 않기 때문이다. 그러므로 보험료가 낮다면 그만큼 보험금 지급 확률이 낮은 것은 아닌지 체크해 볼 필요가 있다.

### 💡 보험금이 적다

만약 보험사고 발생확률이 높다면 보험금이 적을 가능성이 높다. 현재 30세인 가입자와 60세인 가입자가 동일한 보험을 가입했는데 보험료가 같다면 60세인 가입자의 보험금이 적을 가능성이 높다. 보험금 지급 확률이 같은 조건이라면 보험금이 같을 수 있겠으나, 기본적으로 위험률은 나이에 따라 큰 차이를 보이기 때문이다. 그러므로 보험료가 저렴하다면 그만큼 받을 수 있는 보험금도 적은 것은 아닌지 살펴보아야 한다.

### 💡 보험 기간이 짧다

보험료도 저렴하고 보험금이 크다면 해당 위험을 보장해 주는 기간이 짧을 수 있다. 언제든 사망하더라도 사망보험금을 지급하는 종신보험과 일정 기간 내 사망 시에만 사망보험금을 지급하는 정기보험의 보험료는 적게는 3배에서 많게는 7배까지 차이가 난다. 그러므로 보장기간이 짧은 것은 아닌지 살펴보아야 한다.

### 💡 보험료 납입기간이 길다

보험료도 저렴하고 보장금액이 크고 보험기간도 길다면 보험료 납입기간이 장기간일 가능성이 높다. 보험만기가 80세인데 80세까지 계속해서 보험료를 납입해야 한다면 해당 보험계약을 지속해서 유지할 수 있을까? 실제로 유지하기 쉽지 않다. 소득이 감소하거나 중단된 시점에서 납입해야 하는 보험료는 당장 생계에 부담을 줄 수 있기 때문이다. 따라서 보험료 납입기간은 소득이 중단되거나 줄어드는 시점에 맞춰서 정하는 것이 좋다. 보험료가 저렴하다면 얼마 동안 보험료를 납입해야 하는지 살펴볼 필요가 있다.

## 💡 갱신형 보험이다

보험료도 저렴하고 보장금액이 크고 보험기간도 길다면 보험료가 일정 기간마다 상승할 수 있는 갱신형 보험일 가능성이 높다. 갱신형보험은 갱신 기간 동안의 위험률을 감안하여 보험료가 책정되기 때문에 일반적으로 나이가 들수록 보험료도 함께 상승한다. 그리고 나이별 위험률은 일정 나이 구간에 급격히 상승하기 때문에 나중에 보험료가 급격히 올라 큰 부담이 될 수 있다. 그러므로 보험료가 고정된 비갱신형보험이 아닌 정기적으로 보험료가 상승할 수 있는 갱신형보험이 아닌지 살펴볼 필요가 있다.

홈쇼핑이나 텔레마케팅을 통해서 안내되는 보험을 보면, 대체적으로 보험료가 저렴해 보이는 것이 사실이다. 짧은 시간 내에 고객의 관심을 끌고 설득해야 하는데, 보험료가 비싸면 관심을 보이지 않기 때문이다. 하지만 보험료가 저렴한 이유가 있으므로 보험료가 저렴하다면 보장해 주는 항목이 무엇인지, 보험금은 적정한지, 보험 기간은 얼마나 되는지, 나중에 보험료가 오르는 상품은 아닌지 등을 꼼꼼하게 따져 봐야 하겠다.

## 알아 두면 쓸 데 있는 보험 상식

### ☑ 이벤트에 참여하면 대중교통 이용 중 사망 시 1억 원의 보험금을 지급하는 보험을 가입시켜 준다?

보험상품은 수지상등의 법칙과 대수의 법칙이 적용되어 합리적으로 결정된다고 앞서 설명하였다. 많은 사람들이 이벤트에 당첨되어 대중교통 이용 중 사망사고 발생 시 1억 원의 보험금이 지급되는 보험에 자동적으로 가입되는 경험을 해 본 적이 있을 것이다. 이벤트를 시행한 회사에서 해당 이벤트를 위해 많은 돈을 들였다고 생각할 수 있지만, 꼭 그렇지만은 않다. 1억 원이라는 보험금은 큰 금액이지만 지급될 확률이 매우 낮기 때문이다.

대중교통 이용 중 사망사고가 발생할 확률이 매우 낮다. 버스와 지하철, 택시 등 대중교통은 많은 사람들이 이용하기 때문에 교통법규를 준수해야 하고, 대부분이 안전운전을 한다. 그러므로 일반 교통수단보다 사고율이 낮다. 더군다나 사망할 확률은 더더욱 낮다. 그래서 실제로 1억 원이 지급되는 대중교통 이용 중 사망의 보장 항목의 보험료는 월 천 원도 채 되지 않는다. 그래서 보험금을 지급하는 이벤트를 시행하는 회사도 큰 비용을 들이지 않고 이벤트를 할 수 있었던 것이다.

Level 4

## 5 보장성보험을 해약하면 보험회사가 이득?

보험상품은 오랜 기간 유지할수록 보험가입자에게 유리할 수 있고, 반대로 중도에 해약하면 보험회사에 유리할 수 있다. 왜냐하면 보험가입자가 납입하는 보험료는 위험보험료와 저축보험료 그리고 부가보험료의 합으로 이루어져 있는데, 중도에 해약을 하면 보험회사는 저축으로 적립된 보험료만 되돌려주기 때문이다.

각각의 보험료마다 쓰임새가 다르다. 위험보험료는 보험사고 발생 시 보험금을 지급하기 위한 재원으로, 저축보험료는 만기 또는 중도에 해약 시 보험금을 지급하기 위한 재원으로, 부가보험료는 보험에서 발생되는 제반비용에 쓰기 위한 재원이다.

💡 **보험계약 해약 시 그동안 납부한 저축보험료 부분만 되돌려 받을 수 있다**

만약 보험가입자가 보험계약을 오랜 기간 유지 후에 해약을 한다면 보험회사는 보험가입자에게 해약환급금을 지급하게 된다. 이때 지급되는 해약환급금은 저축보험료로 납입된 금액이다. 위험보험료로 납부된 보험료는 보험을 유지한 기간동안 보장을 받았기 때문에 보험금을 한 번도 받지 않았다 하더라도 돌려받을 수 없다. 부가보험료로 납부된 보험료도 위험보험료와 마찬가지로 해당 상품에서 발생하는 제반비용으로 쓰였기 때문에 돌려받을 수 없다. 오히려 향후에 차감해야 할 수수료를 받지 못하게 되기 때문에 중도에 해약한다면 저축보험료로 납입된 적립금에서 일정 금액을 차감시킬 수도 있다.

보험가입자가 보험을 해약할 경우 보험회사에게 손해보다는 수익을 안겨주는 경우가 발생할 수 있다. 보험회사 입장에서는 보험대상자의 나이가 높아질수록 보험금을 지급해야 할 확률이 높아져 부담이 되지만, 중도에 해약한다면 그동안 받았던 위험보험료는 돌려주지 않아도 되면서 향후에 보험금을 지급할 의무도 사라지기 때문이다.

반대로 보험가입자가 기존 상품을 계속해서 유지한다면 보험회사는 보험금 지급을 위해 위험보험료와 저축보험료, 부가보험료를 계속 받겠지만 언젠가는 보험금을 지급해야 하기 때문에 부담이 될 수밖에 없다. 게다가 최초 상품 개발 시 예측했던 보험요율과 현재요율 사이에 많은 차이가 나고, 그 요율이 보험회사에게 불리하다면 보험회사는 더 부담이 될 수밖에 없다.

실제로 과거에 판매했던 보험상품들 중에 연 5~13% 확정금리가 제공되는 상품이 상당수 판매되었는데 현재는 시중금리가 연 1% 수준까지 하락해 있어서 해당 보험상품은 보험회사에 큰 부담을 안겨 주고 있다. 아직까지도 약 140조가 넘는 자금이 연 5~13% 확정금리를 제공받고 있다. 또 과거 위험률과 지금의 위험률이 달라 암보험과 같은 질병보험의 경우에도 보험회사에게 부담을 주고 있다.

그러므로 보험상품은 가급적 중도에 해약하지 않는 것이 좋다.

**보험료 산출 및 분석과정**

| 수입 (보험료) | 지출 | | 위험보험료 (예정위험률) | 보험금 등 지급 (실제위험률) |
|---|---|---|---|---|
| → 이원분석 ↓ | | | → 위험률차 손익 ↓ | |
| 계약자배당 (이익발생시) | | | 위험률차 배당 | |
| 저축보험료 (예정이율) | 부가보험료 (예정사업비율) | | 만기, 중도환급금 (실제이율) | 실제사업비 (실제사업비율) |
| → 이자율차 손익 ↓ | | | → 사업비차 손익 ↓ | |
| 이자율차 배당 | | | 사업비차 배당 | |

출처: 생명보험협회

## 💡 보장성보험의 연금전환특약도 해약과 다름이 없다

금융감독원에 따르면, 2016년 1월~9월 중 연금전환 종신보험 불완전판매 관련 민원이 전체 민원의 53.3%를 차지했다고 한다. 이로 인해 금금감독원에서는 2016년 10월에 보험회사의 연금전환 종신보험 불완전판매 관행을 시정하기 위한 방안을 발표하였다. 주 내용은 종신보험은 저축이나 연금 목적에 적합하지 않다는 문구의 추가와 종신보험과 연금보험의 장·단점 비교, 연금수령액 및 해지환급금 비교표를 명시토록 의무화하는 것이었다. 이처럼 연금전환이 가능한 종신보험의 민원이 많았던 이유는 연금전환특약이 보험계약의 해약과 크게 다르지 않았기 때문이다. 실제로 해당 보험상품을 가입한 고객은 보장도 받고 연금도 받을 수 있는 보험상품으로 오인하는 경우가 많았다.

종신보험의 연금전환특약은 사실 좋은 취지로 생겨났다. 자녀가 독립하거나 사망보험금이 필요 없을 때 해약하지 않고 연금으로 수령할 수 있게 편의를 제공해 주는 특약이기 때문이다. 그런데 문제는 연금전환특약을 사용하는 순간 모든 보장이 사라진다는 것이다. 심지어 특약으로 들어 있는 보장 내역들도 모두 사라진다. 그리고 그 당시 해약환급금을 기준으로 연금을 지급해 주기 때문에 오히려 보험가입자가 손해를 보는 경우가 발생할 수 있다. 즉, 보장성보험의 연금전환특약은 보장성보험에서 해약환급금 만큼만 저축성보험으로 전환하는 것이다.


## 💡 불완전판매로 리콜조치가 된 보장성보험도 있었다

과거 몇몇 보험회사들은 유행처럼 연 3% 후반의 확정금리가 보장되는 보장성보험을 판매하였다. 그 당시 금리가 연 1% 중반으로 낮은 수준이었기 때문에 보험가입자 입장에서는 굉장히 매력적으로 느껴질 수밖에 없었다. 하지만 함정은 저축성보험이 아닌 보장성보험이라는 것에 있었다. 보장성보험은 저축성보험과는 달리 중도 해약 시 대부분 원금을 돌려받지 못한다. 실제로 연 3% 후반의 이율로 운용되는 자금은 사업비를 먼저 차감한다. 그리고 보장을 위한 위험보험료를 차감시킨 후 나머지 금액에 대해서만 적용되는 이율이었다. 그리고 보장성보험의 사업비가 굉장히 높게 책정되어 있기 때문에 원금이 되는 데 꽤 많은 시간이 소요되었다.

물론 보장성보험을 처음부터 가입할 목적이었다면 좋은 선택이었을 수 있다. 그런데 함정이 하나 더 있었다. 위에서 언급했던 연금전환특약으로 연금 전환 시 사망보험금이 사라질 뿐만 아니라 금리도 연 3% 후반에서 연 1% 수준으로 변경된다는 것이었다. 보험가입자들은 고금리에 높은 사망보험금을 보고 가입했지만 실상은 매우 달랐던 것이다. 그래서 금융감독원에서는 해당 상품에 대한 판매 중단과 리콜조치라는 강력한 제재를 가하였다.

**불완전판매 가능성이 높은 상품에 대한 판매 중단 등 조치 실시**

"금융은 튼튼하게, 소비자는 행복하게"

## 보도 참고 자료
## 배포 시부터 보도 가능

| 담당부서 | 생명보험검사국 | 문재익 국장(3145-7790), 원희정 팀장(3145-7963) | |
|---|---|---|---|
| 배 포 일 | 2014. 8. 6(수) | 배포부서 | 공보실(3145-5789~92) | 총 4매 |

### 제목: 불완전판매 가능성이 높은 상품에 대해 판매중단 등 조치 실시

▫ 금융감독원은 사전예방금융감독시스템의 일환으로 구축한 보험상품 상시감시시스템을 통하여 허위·과장판매 가능성이 높은 상품을 포착하고 경영진과 면담하여 회사 자율적으로 판매중지하는 한편 소비자 피해를 방지할 수 있는 완전판매대책을 마련하여 시행토록 지도

▫ 해당상품은 중도급부금이 있으면서 연금전환이 가능한 종신보험으로 다음과 같이 보험소비자에게 허위·과장판매될 3가지 구조적 위험요인을 가지고 있음을 파악

① 납입보험료보다 적은 금액을 돌려받는 보장성상품임에도 고금(3.75%)만이 부각되어 저축성상품으로 오인 위험
② 연금전환시 최저보증이율이 1%대로 하락하는 사실 미인지 위험
③ 적립금을 중도인출할 경우 가입당시 중도급부금 예시금액을 못 받을 위험

○ 동 상품을 연금보험이나 저축성 보험으로 오인하여 가입한 이후 조기에 무효·해지되는 불완전판매비율이 21.4%로 여타상품(5.8%)의 4배에 달하는 등 심각한 수준

☞본 자료를 인용하여 보도할 경우에는 출처를 표기하여 주시기 바랍니다.
http://www.fss.or.kr

□ 이에 금융감독원은 불완전판매비율이 높은 상위 9개사와 경영진 면담을 실시한 결과, 각 사는 동 상품 불완전판매로 인한 보험 계약자 피해위험이 높다는 데에 인식을 같이 하여 자율적으로 판매중단하고 기판매된 상품에 대해서도 리콜조치 등의 대책을 시행

- ○(판매중지) 현재까지 드러난 불완전판매의 정도의 심각성 및 잠재된 민원발생위험을 고려하여 판매중단으로 불완전판매 요인 조기 차단

- ○(리콜조치 실시) 기존계약자에 대한 피해가 없도록 소비자가 오인하기 쉬운 상품의 주요 특징의 인지여부를 확인하여 자체적으로 리콜

- ○(자체점검 실시) 회사 자체적으로 불완전판매 실태를 자체점검 후 고의적, 상습적 불완전판매 조직에 대하여는 제재 등의 조치로 경각심 제고

□ 금융감독원은 앞으로도 보험상품 상시감시시스템을 지속적으로 가동하여 모든 보험회사에서 유사사례가 발생하지 않도록 감시 및 지도를 강화할 계획

출처: 금융감독원

보험상품은 장기간 유지해야하는 상품이다. 장기간 유지해야 할 상품을 해약한다면 보험회사에게 수익을 안겨 주는 것과 같다. 반대로 과거에 판매되었던 보험가입자에게 유리한 상품을 오랜 기간 유지한다면 오히려 보험가입자들은 이득을 취할 수 있다. 보험상품은 보험 본연의 기능을 제대로 활용하는 것이 중요하므로, 연금전환특약과 같이 보험의 기능이 크게 변동하는 내용은 신중하게 검토하고 결정해야 한다.

## 알아 두면 쓸 데 있는 보험 상식

### ☑ 연금전환특약과 연금선지급특약 중 어떤 것이 유리할까?

금융위원회에서는 2014년 사적연금활성화 대책 중 하나로 사망보험금을 선지급하는 상품의 개발을 보험회사에 제시하였다. 이후 연금 선지급형 종신보험이 출시되어 활발히 판매되기 시작했다.

연금전환특약은 보장성보험에 있는 특약의 한 종류로 보장성보험을 저축성보험으로 전환할 수 있는 기능이다. 위험을 보장하는 목적에서 재산의 증식와 노후대비를 위한 목적인 상품으로 전환되는 것이다. 전환되는 금액의 기준은 해약환급금이다. 해약 시 받을 수 있는 해약환급금을 기준으로 연금을 지급한다. 단점은 일반 저축성 연금보험보다 연금수령액이 적고, 심지어 납입원금보다 적은 금액을 수령할 수도 있다. 또 연금으로 전환하는 순간 기존에 받을 수 있었던 보장도 모두 없어진다. 오랜 시간동안 보장을 받기 위해 납입했던 시간들이 모두 무의미해지는 것이다.

연금선지급특약은 보장성보험에 있는 특약의 한 종류 중 하나로 사망보험금을 일정 부분 해약해서 연금처럼 지급하는 것이다. 연금전환특약처럼 보장성보험에서 저축성보험으로 전환되는 것이 아닌 보장성보험으로 유지된 채 지급된다. 따라서 보장은 일정 수준 유지하면서 연금을 수령할 수 있는 것이다. 즉, 보장과 연금을 모두 누릴 수 있는 장점이 있는 것이다. 단점은 사망보험금이 연금을 받는 만큼 줄어들며, 연금보험보다 연금수령금액이 적을 수 있다는 것이다. 하지만 연금전환특약처럼 보장이 아예 없어져 버리거나 원금이하를 받을 가능성은 낮다.

연금전환특약과 연금선지급특약의 가장 큰 차이점은 보장의 유무이다.

연금전환특약은 중도에 연금으로 전환하게 되면 보장이 없어진다. 하지만 연금선지급특약을 활용한다면 보장은 유지하면서 일정 수준의 생활자금을 마련할 수 있다. 계약 전체가 연금으로 전환되는 것이 아닌, 매월 지급해야 할 연금만큼만 부분해약 되는 것이기 때문이다. 물론 연금으로 받는 금액만큼 보험계약을 해약한 것으로 보아 보장금액도 지속적으로 줄어든다. 그래서 보장성보험을 활용하여 연금을 받는다면 연금전환특약보다는 연금선지급특약이 보다 유리할 수 있는 것이다.

Level 4

# 6. 보험리모델링은 실패할 확률이 높으므로 신중을 기해야 한다

　보험회사에 소속되어 있는 보험설계사 또는 보험을 판매하는 보험대리점에서 새로운 보험계약을 체결하기 위해서 기존 보험을 해약시키고 새롭게 보험가입을 유도하는 경우가 있다. 하지만 보험가입자에게 사업비의 부담을 추가시켜 금전적인 손실 및 보장 축소로 인한 손실 등이 발생될 수 있으므로 신중을 기해야 한다. 그래서 이러한 피해를 사전에 예방하기 위해 보험계약을 해약 후 새로 가입하는 승환계약에 대해 법으로 엄격히 제한하고 있다. 승환계약이란, 보험모집인 등의 권유로 기존 보험을 해약하고 일정 기간 내에 새로 유사한 보험을 가입하거나, 새로운 보험상품에 가입한 후 일정 기간 내에 기존에 보유하고 있었던 유사한 보험을 해약하는 경우를 말한다. 일반적으로 '보험리모델링'이라고 부르기도 한다.

　간혹 보험설계사들이 기존 계약에 부족한 부분을 더 채워 넣는 방법이 아닌, 과거 계약을 해약한 후 신규로 가입시키는 경우가 있다. 이런 형태의 보험리모델링을 하게 될 경우엔 특별히 유의해야 할 사항들이 있다.

### 💡 면책 기간을 주의하라

일반적으로 보장성보험에는 면책 기간이라는 것이 존재한다. 면책 기간이란, 보험가입 후 일정 기간 동안 보험회사가 보험사고에 대해 보험금을 지급해야 하는 책임이 면제되는 기간을 말한다.

암 보험의 경우 1년 또는 2년의 면책 기간을 정해 두고 면책 기간 내에 발생하는 암에 대해서는 약정한 보험금액의 50%수준만 지급한다. 실제로 그 면책 기간에 암에 걸리면 보험금을 받지 못하거나 적게 받는 상황이 발생할 수 있다. 그러므로 기존 계약을 해약 후 신규로 가입하는 경우에는 면책 기간 및 내용을 꼭 확인할 필요가 있다.

### 💡 신규 계약이 안 될 수 있다

보험가입자가 보험을 가입하고 싶다고 해서 무조건 보험을 가입할 수 있는 것이 아니다. 과거에 병력이 있거나 보험금 청구 이력 등이 있다면 보험회사는 보험계약 인수를 거절할 수 있다. 이러한 경우 기존 보험계약이 해약이 된 상태에서 새롭게 가입도 안 되는 어처구니없는 상황이 발생할 수 있다.

## 💡 보험료만 확인하지 말고 납입 기간과 보장금액을 확인해야 한다

리모델링 시 단순히 보험료가 저렴해지는 것만 확인하고 설불리 기존 계약을 해약하고 신규로 가입하는 경우가 있다. 이유 없이 보험료가 줄어들진 않기 때문에 납입 기간이 과도하게 길진 않은지, 혹은 보장금액이 줄어들어 있진 않은지 꼭 확인해야 한다.

## 💡 과거에 가입한 보험이 더 좋은 경우가 많다

보험료는 수지상등의 원칙과 대수의 법칙으로 합리적으로 설계되어 있다. 따라서 해당 보험상품이 개발되어 판매될 당시의 예정이율·예정위험률·예정사업비 등의 보험요율이 반영된다. 만약 본인의 보험을 중도에 해약하고 새로 가입한다면 위의 보험요율을 비교 확인 후 가입해야 한다.

보험상품에 적용되는 예정이율은 보험회사가 보험가입자에게 보험료를 받아 추후에 보험금으로 지급하기까지 보험회사에서 예상하는 이자율이다. 현재 이율은 과거에 예측한 예정이율보다 많이 하락한 상황이다. 즉, 과거 상품의 예정이율이 높았기 때문에 지금의 보험상품보다 상대적으로 적은 보험료로 많은 보험금을 지급받을 수 있는 것이다. 예정위험률은 상품 개발 시점 사망률과 특정 질병 발생률 등을 적용한 것인데, 종신보험의 경우엔 기대여명이 더 증가하여 보험료가 하락할 수 있겠지만 특정 질병은 의학의 발전으로 조기 발견되어 위험률이 더 높아졌다. 그러므로 질병보험을 가입할 때는 과거보다 불리한 조건으로 가입할 가능성이 높다.

예정사업비는 다행스럽게 과거에 비해 많이 하락해 있기 때문에 저축성보험의 경우엔 향후 발생비용을 예측한 후 결정하면 된다. 특히나 저축성보험 중 변액보험의 경우엔 보장성보험이 아니므로 예정위험률을 크게 고려하지 않아도 되고, 또 펀드로 운용되는 실적배당형 보험상품이기 때문에 예정이율도 크게 중요치 않다. 그렇다면 예정사업비만 고려하면 되는데, 과거에 비해 사업비가 현격히 하락해 있는 상품도 많다. 따라서 비용 비교 후 더 저렴한 상품으로 전환하는 것이 보험가입자에게 보다 더 유리하다.

### 💡 승환계약에 해당한다면 다시 기존 계약을 살릴 수 있다

만약 본인의 보험을 중도에 해약 후 신규 가입하였는데, 그로 인하여 손해를 보았다면 되돌릴 수 있는 방법이 있다. 일반적으로 보험을 중도에 해약할 경우, 손실이 난 상황에서 해약이 될 가능성이 높고, 신규 계약을 하면 다시 고비용의 사업비를 내야 하는 상황이 될 수 있다. 그리고 과거에 판매되었던 보험상품이 현재의 보험상품보다 더 좋은 조건일 가능성도 있다. 그래서 금융감독원에서는 이 승환계약에 대해 고객에게 별도의 확인 절차를 거쳐 변경될 내용을 비교·확인한 뒤 가입하도록 권고한다.

만약 기존계약을 해약 후 새롭게 가입했음에도 불구하고 필수적으로 안내되어야 하는 내용이 안내되지 않거나 필수 서류에 서명하지 않았다면 일정 기간 내에 이전 계약을 다시 원상 복구할 수 있다. 그와 동시에 신규 계약을 취소함으로써 그 보험에 납입되었던 원금과 그 기간에 발생한 이자를 가산하여 되돌려받을 수 있다.

### 승환계약 확인서의 필수 사항

1. 보험료, 보험 기간, 보험료 납입 주기 등 납입 기간
2. 보험가입금액 및 주요 보장 내용
3. 보험금액 및 환급금액
4. 예정 이자율 중 공시이율
5. 보험 목적
6. 보험회사의 면책 사유 및 면책 사항
   (보험회사는 제1항 각 호의 사항을 비교하여 알린 사실을 확인할 수 있는 서류 등을 금융위원회가 정하여 고시하는 방법에 따라 보관·관리하여야 한다.)

## 승환계약 확인서

### 보험계약 이동에 따른 비교안내 확인서
〈회사제출용〉

보험계약 이동시 나이, 위험률의 증가 등에 따른 보험료 인상, 계약 초기 사업비 공제에 따른 해약환급금 과소지급 등의 손해발생 가능성이 있으니 계약자께서는 반드시 비교설명을 받으시기 바랍니다.

1. 귀하께서는 직전 6개월 이내에 해지한 보험계약(타사계약 포함)이 있거나, 향후 6개월 이내에 소멸 예정인 계약(타사계약 포함)이 있습니까?

  ☐ 예 있습니다.    ☐ 아니오, 없습니다

주1) 상기 답변이 모두 '예'인 경우 아래의 비교설명표 작성(자사 승환계약의 경우 회사 자체 비교안내 시스템으로 안내)
  * 비교설명 내용은 설계사가 작성하되 별도 설명자료 있을 경우 해당 자료첨부 가능
주2) 기존 계약과 신계약 모집인이 동일한 경우 소멸계약이 타사계약이라도 비교설명표를 작성해 주시기 바랍니다.

| 신규계좌 | 비교항목 | 기존계약1 | 기존계약2 |
|---|---|---|---|
|  | 상품명 |  |  |
|  | 영수증번호 |  |  |
|  | 보험료 |  |  |
| / | 납입주기 및 납입기간 |  |  |
| / | 보험기간 및 보험가입금액 |  |  |
| (가입 설계서 참조) | 주요 보장안내 |  |  |
| (가입 설계서 참조) | 보험금액 및 환급금 |  |  |
|  | 예정이자율 중 공시이율 |  |  |
|  | 보험목적 |  |  |
| (상품설계서 참조) | 보험회사 면적사유 및 면책사항 |  |  |

*예정 이자율 중 공시이율은 예정이자율로 표시
*주요보장내용, 보험금액 및 환급금, 보험회사 면책사유 및 면책사항은 모집자에게 반드시 비교/설명을 받으시기 바라며, 기타 자세한 내용은 약관을 참조하시기 바랍니다.
 각 상품의 내용을 상세히 정확히 설명하시기 바랍니다.(계약자에게 유리한 내용만 설명하는 행위 금지)

본인(계약자) _____은 기존계약 및 신규계약의 주요내용에 대하여 모집인 _____로부터 상기와 같이 충분히 비교설명 받았으며 보험계약 이동에 따른 손해발생 가능성을 충분히 설명듣고 동 계약을 청약합니다.

년    월    일

| 계약자 | (서명) | 모집자 | | (서명) |
| 친권자 | (서명) | 친권자 | | (서명) |
| | | ( )지점장 | | (서명) |

출처: H생명

만약 기존 보험을 해약하고 새롭게 보험가입을 고민하고 있다면 본인의 계약이 승환계약에 해당되는지 여부를 확인하고 불이익이 발생할 여지가 있는지 꼼꼼하게 비교하고 결정할 필요가 있다.

Level 4

## 7. 공제는 보험과 비슷하지만 다른 상품이다

보험은 아니지만 보험과 비슷한 성격을 가진 '공제'라는 상품이 있다. 공제란, 미래에 발생할 수 있는 경제적 불안을 제거하기 위해 여러 사람들이 공동으로 재산을 준비하는 제도를 말한다. 보험과 매우 흡사하기 때문에 유사보험이라고도 부른다. 공제상품은 우체국, 신협, 각 공제조합 등에서 가입이 가능하다.

### 💡 보험과 공제는 비슷하지만 다른 성격을 가졌다

보험과 공제는 성격은 비슷하지만 다른 상품이다. 보험과 공제는 기본적으로 미래에 예측할 수 없는 재난이나 불의의 사고로 인한 경제적 손실을 보전하기 위해 만들어진 제도이다. 단지 보험은 동질의 위험에 처한 다수를 대상으로 하지만, 공제는 동일한 직업 또는 동일한 사업에 종사하는 다수로 제한되어 있다는 점에서 다르다.

그리고 보험은 법적 근거를 두고 설립되고 운영되지만 공제는 사적자치원리에 입각하여 조합원 또는 회원이 출자금을 내어 설립되고 민주적 절차에 따라 운영된다는 점도 다르다. 그래서 공제는 대부분 해당조직에 소속된 사람들만 가입할 수 있으며, 수익을 추구하지 않는 비영리성격도 가지고 있다. 공제라고 해서 일반인들이 가입할 수 없는 것은 아니다. 수익을 추구하는 성격의 공제상품도 있기 때문에 이러한 상품에는 조합원뿐만 아니라 일반인들도 가입할 수 있다.

### 공제도 여러 종류가 있다

공제는 크게 보험형 공제와 상호부조형 공제 두 가지로 분류된다.

먼저 보험형 공제는 보험과 동일 또는 유사한 역할을 하는 공제를 말하며, 조합원이 아닌 일반인도 가입할 수 있는 일반 공제에 대해서는 '유사보험'이라고 부르기도 한다. 상호부조형 공제는 산업별 산업종사자의 복지 및 사망, 퇴직급여를 보장하기 위한 공제를 말한다. 대표적으로 군인공제를 예로 들 수 있다.

**우리나라 공제 현황**

| 구분 | | 내용 | 개수 |
|---|---|---|---|
| 보험형 공제 | 일반공제 | 수협, 신협, 새마을금고와 같이 준회원방식을 통해 일반인을 공제의 가입대상에 포함 | 3 |
| | 조합공제 | 조합원이나 회원만을 대상으로 공제 운영 | 71 |
| | 정책성공제 | 정책적으로 정부지원금을 지원받아 소상공인,일용 근로자 퇴직급여 등을 보장하는 공제제도 | 6 |
| 상호부조형공제 | | 산업별 종사자의 사망, 퇴직급여,복지급여 | 12 |
| 계 | | | 92 |

출처: 보험연구원

## 💡 보험과 공제의 차이점을 알아야 한다

이렇게 공제는 보험과 비슷한 성격을 가졌지만 엄연히 서로 다른 제도이기 때문에 차이점들이 존재하며, 이는 크게 네 가지로 정리해 볼 수 있다.

첫째, 가입 대상이 다르다. 보험은 동질의 위험에 처한 다수를 대상으로 하지만, 공제는 동일한 직업 또는 동일한 사업에 종사하는 다수로 제한되어 있어 가입 대상의 차이가 존재한다.

둘째, 감독과 규제가 다르다. 보험은 금융감독기관인 금융감독원에서 감독과 규제가 이루어지지만, 공제는 공제회사가 속한 주무부처에서 감독과 규제를 한다. 대표적으로 우체국공제의 경우엔 미래창조과학부에서, 새마을금고공제는 행정자치부에서 관할한다.

셋째, 위험률이 다르다. 보험은 다수의 평균적인 위험률을 적용하지만, 공제는 동일한 직업 또는 동일한 사업에 종사하는 자만을 대상으로

한 평균적인 위험률을 적용한다.

넷째, 법적 근거가 다르다. 보험은 상법과 보험업을 근거로 하지만, 공제는 민법과 특별법에 근거를 두고 있다.

물론 유사보험이라 불리는 일반 공제의 경우엔 위에 말한 공제보다는 보험의 성격과 더 유사하다고 볼 수 있다.

## 공제도 가입하기 전에 몇 가지 점검해야 한다

현재까지는 공제를 가입한 조합원과 일반 공제에 가입된 가입자들이 직접적으로 손해를 본 사례는 없었다. 하지만 과거에 그런 사례가 없었다고 해서 향후에도 문제가 발생하지 않으리라는 보장은 없다. 그러므로 공제를 가입하기 전에 몇 가지 사항을 점검할 필요성이 있다.

첫째, 공제상품 가입 시 가입회사의 감독기관 등을 확인 후 가입할 필요가 있다. 보험회사와 공제는 위에서 언급했던 것처럼 감독 및 규제에 대한 소관부처가 다르기 때문에 서로 다른 규제를 적용받는다.

만약 공제회사가 속한 주무부처에서 공제와 관련하여 감독과 규제를 제대로 하지 못한다면 위험의 사각지대에 놓일 수 있다. 실제로 업권에서는 공제업무가 그 회사의 주 업무가 아니므로 관련 법규나 규제가 취약하고 주무부처가 모두 다른 점을 지적하며, 공제에 대한 통합법규나 규제를 신설해야 한다고 주장한다.

둘째, 공제가입자에 대한 보호 장치를 확인해야 한다. 공제는 보험과 달리 공제회사의 재무건전성 기준, 상품 개발에 대한 규제, 예금자보호 제도 적용, 자산 운용에 대한 규제 등이 상대적으로 미흡하다.

그래서 향후에 공제회사에서 큰 손실이 발생한다면 그 피해는 모두 공제가입자들이 받게 될 가능성이 크다. 우체국공제나 군인공제회 같은 대형공제법인은 상대적으로 안전할 수 있겠으나, 규모가 작은 공제의 경우에는 위험에 노출되어 있다.

셋째, 상품을 사전에 비교해 봐야 한다. 공제는 주력 사업이 아닌 비주력 사업인 경우가 대부분이기 때문에 상대적으로 많은 역량이 집중되지 않을 수 있다. 상품을 개발하고 검증할 수 있는 인력의 차이가 있을 수 있으며, 상품 개발 후 실제 판매되기까지의 절차가 미흡할 수 있다. 보험상품의 경우에는 보험회사에 등록된 선임계리사 또는 보험회사 외부의 독립계리업자 등이 상품을 개발한다. 이렇게 개발된 보험상품은 보험개발원 또는 보험계리법인을 통해 검증 및 확인을 받아야 판매할 수 있다. 하지만 공제상품의 경우에는 보험상품에 비해 절차들이 상대적으로 간소화되어 있어 가입자에게 불리하게 상품이 개발될 가능성도 존재한다.

넷째, 가입자보호제도에 대한 확인이 필요하다. 보험회사의 경우 영업행위, 광고 심의, 승환계약 여부, 설명 의무, 적합성 원칙 적용 등 보험소비자 보호를 위해 여러 단계의 절차를 거치지만, 대부분의 공제는 설명 의무와 중복계약 확인 등의 절차만 거치고 있어 불완전판매에 대한 가능성이 상대적으로 높다고 할 수 있다. 또한 공제회사와 공제가입자 간 분쟁이 발생하였을 때 공제가입자에 대한 보호가 미흡할 수 있다는 단점이 존재한다.

## 보험과 공제의 차이

| 구분 | 민영보험사 | 수협공제 | 새마을금고 | 조합공제 등 |
|---|---|---|---|---|
| 사업주체 | 보험회사 | 수협중앙회(조합) | 새마을연합회(금고) | 각 공제조합 |
| 사업요건 | 종목별 허가<br>(엄격한 인적·물적 요건) | 공제규정인가 | | |
| 겸영여부 | 보험업(손해보험, 생명보험, 제3보험) 겸영 금지<br>타 업무 겸영 금지 | 공제업(손해공제, 생명공제, 제3공제) 겸영 가능<br>타 업무 겸영 가능 | | |
| 주무부서 | 금융위원회 | 해양수산부 | 행정자치부 | 공제별 담당부처 |
| 감독, 검사 | 금융위감독<br>금감원감사 | 해양수산부<br>(금융위 검사요청) | 행정자치부<br>(금융위 협의, 금감원 검사요청) | 공제별 담당부처 |
| 감독기준 | 금융위원회 | 해양수산부<br>(금융위협의) | 행장자치부<br>(금융위협의) | 공제별 담당부처 |
| 모집종사자 | 임직원, 설계사, 대리점, 중개사 | 임직원, 상담사, 대리점, 중개사, 모집사용인 | 임직원, 위탁모집종사자, 대리취급금고 | 주로 임직원 |
| 모집자격 | 연수이수, 경력+교육이수,시험합격(중개사) | 교육이수 | 자격시험합격, 보험관련자격증 소지 | – |
| 모집종목 | 손해, 생명, 제3보험 | 구분 없음 | 구분 없음 | 구분 없음 |
| 보수교육 | 매 2년 20시간 | – | – | |
| 영업행위 규제 | 단계별 설명 의무<br>적정성의 원칙<br>광고 준수사항<br>중복계약 확인 | 설명 의무<br>중복계약 확인 | 설명 의무<br>중복계약 확인 | 설명 의무 |
| 통산판매 준수사항 | 모집<br>청약철회<br>계약해지 | 모집<br>청약철회 | 모집 | |
| 분쟁조정 위원회 | 금융감독원 | 독립적으로 운영 | 내부적으로 운영 | 내부적으로 운영 |
| 상품개발 | 금융위 신고 | 해양수산부 신고 | 행정자치부 인가 | 각 부처관리 |
| 상품확인 | 내부선임계리사<br>독립계리업자 등<br>금융감독원 | 내부확인담당<br>계리사 | 내부확인담당<br>계리사 | 다양 |
| 예금자 보호제도 | 예금보험기금<br>(예금보험공사) | 없음<br>(국가보증, 지원) | 예금자보호준비금<br>(연합회) | 일부 대형 공제 예금보호 |

출처: 보험연구원

이처럼 보험과 공제는 매우 흡사하지만 서로 다른 법을 적용받으며, 관련 주무부처도 다르다. 공제는 해당 조직 또는 조합에 소속되어 있는 조합원이나 회원만을 대상으로 사업을 하지만, 유사보험이라고 불리는 일반공제에 대해서는 일반인도 가입할 수 있다. 다만 보험과 엄연히 다른 제도이므로 감독기관, 공제회사의 안전성, 공제상품의 경쟁력, 가입자 보호 장치 등을 확인할 필요가 있다. 공제상품도 충분히 경쟁력 있는 상품들이 많으니 보험상품 가입 시 공제상품도 같이 비교·검토하자.

## ☑ 자연사는 질병사망일까, 상해사망일까?

손해보험에서는 질병사망과 상해사망을 보장한다. 병에 의해서 사망했다면 질병사망보험금을, 상해사고에 의해 사망했다면 상해사망보험금을 지급한다. 그렇다면 나이가 들어 죽는 자연사는 어디에 속하는 것일까?

자연사는 질병사망도 아니고 상해사망도 아니므로 사망보험금이 지급되지 않는 것은 아닐까?

한국표준 질병사인분류를 보면 자연사로 불리는 노쇠로 인한 사망은 질병으로 인한 사망으로 분류하고 있다. 그러므로 보장 만기가 되기 전 노쇠로 인하여 자연사했다면 질병사망에 해당되므로 질병사망보험금이 지급된다.

Level 4

## 8. 좋은 보험관리자, 나쁜 보험관리자

보험은 한번 가입하면 10년 이상의 기간 또는 평생 동안 보유하게 되는 장기상품이다. 본인이 가입한 보험에 대해 문득 궁금한 점이 생기거나 보험금을 청구할 일이 생긴다면 가장 먼저 찾아야 할 사람은 본인에게 해당 보험을 제안하고 가입시켰던 보험관리자가 될 것이다.

그러므로 오랜 기간 동안 내가 가입한 보험을 성실하게 관리해 줄 수 있는 관리자를 만나는 것이 중요하다. 그렇다면 보험관리자는 어떠한 기준을 가지고 선택해야 하는 걸까?

### 💡 보험설계사 중 5년 이상 근속자는 30% 수준 밖에 되지 않는다

보험설계사의 근속연수는 타 업종 대비 굉장히 짧은 편이다. 보험설계사의 50%는 근속연수가 2년 미만이다. 5년 이상 근속자는 전체의 30% 수준 밖에 되질 않는다. 오랜 기간 근무했다고 해서 무조건 좋다는 것은 아니다. 하지만 그만큼 보험을 업으로 삼고 오랜 기간 몸담아 왔다는 것은 향후 내 보험자산도 지속적으로 관리받을 수 있는 확률이 높다는 뜻이다.

보험설계사를 처음 시작하게 되는 초창기에는 고객이 없기 때문에 지인영업을 주력으로 하게 된다. 하지만 지인영업에서 더 확장하지 못하면 대부분은 보험업을 떠나게 되는데, 판가름 나는 시점이 평균적으로 2년 정도라고 한다. 그러므로 보험관리자를 선택할 때에는 과거 근속연수를 참고하여 장기간 본인의 보험을 관리해 줄 수 있는 관리자를 만나는 것이 중요하다고 할 수 있다.

## 자격증은 노력과 열정을 보여 주는 지표이다

자격증이 우수한 보험관리자의 척도를 결정하는 것은 아니다. 하지만 그만큼 능력 있는 관리자가 되기 위한 노력과 열정의 척도이므로 중요하게 봐야 할 항목이다. 일반적으로 명함에 주요 자격증이 적혀 있으므로 어떤 자격 사항을 가지고 있는지 확인해 볼 필요가 있다.

보험자격증 중에는 보험설계사가 되기 위한, 그리고 상품을 판매하기 위한 필수 자격증이 있다. 이외에 훌륭한 관리자가 되기 위한 높은 난이도의 자격증이 있는데, 대표적으로 IFP, AFPK, CFP 자격증이 있다.

먼저, IFP는 'Insurance Financial Planner'의 약자로, 보험종합자산관리사 자격증이다. 각 업권별 비슷한 종류의 자격증이 존재하는데 은행의 경우 은행FP, 증권회사의 경우 투자자산운용사 자격증이 있다.

AFPK는 'Associate Financial Planner Korea'의 약자로, AFPK인증자는

재무설계 업무에 관한 서비스를 제공할 수 있는 전문성과 고객을 우선으로 하는 윤리성을 지닌 전문가로 인정받는다. 이 자격증이 있어야만 그다음 난이도 시험인 CFP 자격을 취득할 수 있다.

CFP는 'Certified Financial Planner'의 약자로, 국제공인재무설계사 자격증이다. 보험 관련 자격증으로는 최고난이도의 자격시험이다.

### 보험 자격증 난이도

**IFP 〈 AFPK 〈 CFP**

### 💡 협회에서 인증한 우수인증설계사는 성실함과 신뢰의 지표이다

우수인증설계사제도는 보험상품의 완전판매와 건전한 모집질서 정착을 위해 금융감독원의 지원하에 실시되고 있는 제도이다. 생명보험과 손해보험 설계사들의 근속 기간·계약유지율·완전판매 여부 등을 종합적으로 평가해 인증을 부여한다. 인증 자격의 유효 기간은 1년이고, 해당 기간 동안 인증서 발급 및 로고 사용권(명함, 가입설계서 등)이 부여된다.

우수인증설계사가 되려면 한 소속사나 한 보험회사에 3년 이상 근무해야 하며, 고객 불만으로 징계받은 사실도 없어야 한다. 우수인증설계사 비율은 약 7~8% 수준이며, 우수인증설계사가 판매한 보험유지율은 타 설계사의 보험유지율보다 약 10% 이상 높은 수준이다. 그리고 손해보험협회에서는 우수인증설계사 가운데 유지율과 실적이 우수한 설계사를 뽑아 '블루리본'이란 명칭을 따로 부여하고 있는데, 전체 상위 0.2%만 해당 자격을 받을 수 있다.

## 💡 MDRT는 평균 이상의 실적을 나타내는 지표이다

　MDRT는 'Million Dollar Round Table(백만 달러 원탁회의)'의 약자로, 생명보험업계에서 고소득 설계사들이 모인 전문가 단체다. MDRT의 회원이 되려면 연간 1억 6천만 원 이상의 보험료 납입 실적이나 7천4백만 원 이상의 수수료 실적을 올려야 한다. MDRT 회원들은 판매 서비스의 질적인 수준을 높이고 전문성을 강화하기 위한 강연도 하며 매년 총회도 개최하고 있다. 1년에 최소 100건 이상을 판매해야 MDRT에 속할 수 있다고 한다. 또 COT는 MDRT 실적의 3배, TOT는 MDRT 실적의 6배 이상을 기록한 사람들에게 주어지며, TOT는 MDRT 회원 중 0.1% 수준만 달성하고 있다고 한다.

　실적이 모든 것을 말해 주는 것은 아니지만, 그만큼 실력이 있고 고객으로부터 신뢰를 받고 있기 때문에 실적 달성도 가능한 것이다. 따라서 본인의 보험관리자가 현재 MDRT 또는 COT, TOT인지 확인해 볼 필요가 있다. 다만, 유의할 점은 단기간의 실적으로만 반짝 성과를 낸 경우엔 다른 위험 요소가 있을 수 있으므로 장기간 꾸준히 해당 회원 자격을 유지했는지도 참고해야 할 필요가 있다.

## 💡 고가의 사은품을 제공하는 관리자는 한번 의심해 봐야 할 필요성이 있다

보험관리자가 실적 유치를 위해 고가의 사은품을 지급하거나, 일정기간의 보험료를 고객 대신 내주겠다고 하는 경우가 있다. 하지만 이런 영업 행위는 굉장히 위험하다. 보험업법에 명시된 보험계약으로 인한 이익 제공 한도는 연간보험료의 10% 또는 3만 원 중 작은 금액이므로 3만 원을 초과하지 못한다. 만약 이 사항을 어길 시 보험회사, 설계사, 보험가입자 모두 문제가 될 수 있으므로 조심해야 할 필요가 있다.

그리고 나중에 사실과 다른 설명으로 인한 불완전판매로 보험가입자에게 맞지 않는 상품을 가입한 경우에는 사전에 받았던 사은품 때문에 어쩔 수 없이 계속 유지하거나 중간에 손해를 보고 해약해야 하는 상황이 발생할 수 있다.

보험상품은 장기 상품이다. 오랜 기간 동안 보험료를 불입하고 관리를 받아야 하는 상품이므로 어떤 관리자에게 가입해야 하는가 하는 것도 굉장히 중요하다고 할 수 있다. 보험관리자를 선택할 때는 첫인상으로만 판단하지 말고 근속연수, 보유자격증, MDRT, 우수인증설계사 등 여러 가지 척도를 확인하고 가입하는 것이 본인의 소중한 보험자산을 지키는 데 도움이 될 것이다.

## 알아 두면 쓸 데 있는 보험 상식

### ☑ 100억 원의 보험금을 지급하는 성대보험이 있었다?

모 TV 방송을 통하여 가수 비가 가입했던 보험이 공개되었는데, 모두가 깜짝 놀랄 수밖에 없었다. 사망보험도 아닌 질병보험도 아닌 6개월 단기간 동안 목에 있는 성대에 이상이 생기면 최대 100억 원이 지급되는 성대보험이었기 때문이다. 이를 위해 가수 비가 납입한 보험료는 무려 1억 원이었다. 물론 그만한 이유가 있었다.

2007년 일본의 도쿄돔에서 한국 가수로는 최초로 비가 콘서트를 열게 되었기 때문인데, 가수가 성공적인 공연을 위해서는 좋은 컨디션을 유지해야 하고 그중 가장 중요한 것이 성대였기 때문이다. 다행스럽게도 가수 비는 도쿄돔에 입장한 4만 3천 명의 팬들 앞에서 사고 없이 멋진 공연을 선보이며 성황리에 공연을 마칠 수 있었다.

Insurance

부록

2020년부터 적용되는
보험법규 개정내용

2019년 8월 보험산업 신뢰도 개선을 위한 보험법규 개정안이 발표되었다. 취지는 민원·분쟁 유발·불완전 판매 등 보험 신뢰도를 저해하는 불합리한 보험상품 사업비와 모집수수료 등을 개선하여 보험산업에 대한 소비자 신뢰를 강화하는 것이다. 실제로 우리나라에서의 보험에 대한 인식은 좋지 않은 것이 사실이다.

글로벌 컨설팅 기업인 Capgemini에서 발표한 2016년 세계보험보고서에 의하면, 보험소비자평가지수에서 우리나라의 순위는 30개국 중 30위를 하는 부끄러운 점수를 받았다. 그만큼 보험에 대한 만족도가 낮고 불신이 높았던 것이다. 아직도 금융감독원 민원현황을 보면 2019년 1분기 기준 전체 금융민원의 61%가 보험에 집중되어 있다. 민원 중 과반수 이상이 보험에 집중되어 있는 것이다. 보험계약 유지율 또한 낮다. 보험은 장기간 유지해야 혜택을 볼 수 있으나 여전히 2년을 넘기지 못하고 해약하는 건이 10건 중 3건에 육박한다.

물론 이러한 수치들은 점차 개선되고 있지만, 아직도 갈 길이 먼 것은 사실이다. 그래서 금융당국에서는 이러한 보험에 대한 불신을 없애기 위해 보험법규 개정안 12개를 발표한 것이다. 금융감독원에서 발표된 자료를 기반으로 하여 세부적으로 보험가입자들에게 어떠한 효과가 있는지 알아보도록 하자.

참고로 이하의 내용은 법규 개정안이며, 추후 입법과정에서 내용이 변경될 수 있다.

```
                    보험산업에 대한 소비자 신뢰 강화
                                ▲
                    모집질서 건전화 및 해약환급금 개선
                              (보험료 인하)
                                ▲
```

| 보장성보험의 불합리한 사업비 체계 개선 | 계약자의 합리적 선택을 위한 정확한 정보 제공 | 모집수수료 제도 개선 |
|---|---|---|
| 1. 보장성보험의 저축성격 보험료 및 해약환금에 대한 사업비 개선<br>2. 치매보험 등 고령자 보장상품 사업비 개선<br>3. 갱신형/재가입형 보험상품의 갱신사업비 축소<br>4. 사업비가 과다한 보험상품의 공시강화<br>5. 제3보험의 해약공제액 산출 일원화 | 1. 저·무해지환급형 보험 상품 안내 강화<br>2. 보장성보험의 연금전환 특약 예시 강화<br>3. 보장성 보험의 보험료 추가납입 한도 축소<br>4. 변액보험 수익률 안내 강화 | 1. 모집수수료 지급기준 명확화<br>2. 모집수수료에 의한 작성계약 유인 제거<br>3. 모집수수료 분할지급(분급)방식 도입 |

위의 내용처럼 크게 3가지 항목에 12가지의 법규가 개정될 예정이다. 지금부터 하나하나 알아보도록 하자.

## I. 보장성보험 중 불합리한 사업비 체계개선

### 1. 보장성보험의 저축성격 보험료 및 해약환급금에 대한 사업비 개선

보장성보험에 납입되는 저축보험료의 사업비를 보장성이 아닌 저축성보험 수준으로 사업비와 해약공제액이 인하된다. 이로 인해 보험료는 2~3% 인하효과가 발생하고 2차 년도 환급률이 5~15%가 개선되는 효과가 발생하게 된다.

◆ 현행

보장성보험은 중도 또는 만기 시점에 환급금 지급을 위해 보장성보험료 이외의 저축성보험료를 부과, 저축보험료에도 보장성 수준의 높은 사업비 부과

➡ 원금보전을 원하는 소비자에게 판매가 용이하고 판매 시 수수료 또한 높아 충분한 설명 없이 과도하게 권유될 소지

사고위험(보험사고)와 무사고위험(만기환급)을 동시에 보장할 경우 둘 중 하나의 위험은 반드시 발생. 따라서 이러한 보험은 보장성보험으로 보기 곤란

➡ 화재 발생 시 1,000만 원 보장, 보험종료 시 납입보험료 전액 환급
➡ 보장성보험에 납입되는 보험료는 10만 원 이나 위험보험료 비중이 10원 이하 계약도 존재

◆ 개선

보장성보험의 저축성격 보험료 부분에 대하여는 저축성보험 수준으로 사업비 및 해약공제액을 부과 (저축성보험의 해약공제금액은 보장성의 ¼ 수준)

◆ 효과

보험료 2~3% 인하 및 환급률(2차 년도) 5~15% 개선 예상

## 2. 치매보험 등 고령자 보장상품의 사업비 개선

다른 보장성보험 대비 높은 사업비가 책정되었던 치매보험 등의 고령자 보험의 사업비가 현행대비 70% 수준으로 인하된다. 이로 인해 보험료는 3% 인하효과가 발생하고 2차 년도 환급률이 5~15% 개선되는 효과가 발생하게 된다.

◆ 현행

치매보험은 75세 이상 초고령에 질환이 주로 발병. 40~50대에 조기 해약

시 보장은 받지 못하고 사업비만 높게 부담
➡ 치매보험 유지율: 1차년 87%, 3차년 67.1%, 5차년 57.7%, 7차년 51.4%

납입한 보험료가 대부분 적립되는 저축성격이 큼에도, 다른 보장성보험보다 높은 사업비 책정
➡ 5~10% 이상 높은 경우 발생

◆ 개선

치매보험의 사업비 및 해약공제액을 인하하되 고연령에서 치매위험 등의 보장 기능을 감안하여 현행대비 70% 수준으로 설정

◆ 효과

보험료 3% 수준 인하 및 환급률(2차 년도) 5~15% 개선 예상

### 3. 갱신형·재가입형 보험상품의 갱신사업비 축소

보험료에 비례하여 부과하였던 갱신 및 재가입보험의 갱신사업비를 최초 계약의 70% 수준으로 설정하였다. 이로 인해 갱신 및 재가입시점의 보험료가 약 3% 수준 인하되는 효과가 발생하게 된다.

◆ 현행

일정주기(1년, 3년, 10년 등)마다 보험료는 변경, 보장기간은 자동으로 연장되는 보험상품으로, 갱신 및 재가입 시점에 계약체결 및 계약심사 비용이 미미하게 발생

갱신·재가입 계약의 사업비율은 보험료에 비례하여 적용되므로 보험료가 인상되는 고연령에서는 보험료가 과다하게 책정된다는 지적
➡ (보험료/사업비) 최초계약 40세 3만 원/6천 원, 갱신계약 50세 5만 원/1만 원
➡ 보험계약 갱신시점에 보험계약 모집 노력이 발생하지 않고 인수 심사 없이 자동으로 계약이 갱신되는 등 사업비 인하요인 발생

◆ **개선**

갱신·재가입시점의 계약체결비용을 최초 계약의 70% 수준으로 설정하여 갱신 시 소비자의 불필요한 사업비 부담을 완화

◆ **효과**

갱신 및 재가입 시점의 보험료 3% 수준의 인하 예상

### 4. 사업비가 과다한 보험상품의 공시 강화

사업비 중 해약환급금에서 차감하는 공제한도를 정하고 있으나, 한도를 초과해서 사업비를 부과하는 경우 해당 상품의 사업비를 의무적으로 공시하여야 한다. (보장성보험은 사업비 공시의무 없음) 이로 인해 보험료가 2~4% 수준 인하되는 효과가 발생하게 된다.

◆ **현행**

소비자보호를 위해 해약환급금 계산 시 해약환급금 차감한도를 정하고 있음. 하지만 해약공제액 한도에 해당하는 사업비(계약체결비용)를 초과하여 보험료를 책정한 보험상품이 증가

➡ 해약공제액 한도 내에서 사업비를 책정할 때보다 한도를 초과해서 책정할 경우 보험료가 3~4% 인상됨

➡ 해약공제액 한도 초과 사업비 적용상품: 전 상품 중 생보 31%, 손보 17%

◆ **개선**

원가분석 없이 모집수수료를 지급하기 위해서 해약공제액 한도를 초과하여 사업비를 책정하는 경우 해당 상품 사업비 공시

◆ **효과**

보험료 2~4% 수준 인하 예상 (환급률은 소폭 개선)

### 5. 제3보험 [건강보험, 생·손보 겸영영역]의 해약공제액 산출 일원화

생명보험과 손해보험이 각각 제3보험에 대한 보험료 산출기준이 달라 상품별 유·불리가 발생하여 사업비의 편차가 크게 발생하였다. 향후에는 생명보험과 손해보험의 제3보험 보험료 산출기준이 일원화된다.

◆ **현행**

**생명보험과 손해보험이 제3보험의 해약공제액 산출 시 서로 다른 기준을 적용하고 있어 보험업권간 보험상품별로 유·불리 발생**

➡ 생명보험은 상해보험, 손해보험은 질병보험이 높게 책정되므로, 생·손보 모두 가장 높은 해약공제액 한도를 적용하여 사업비 과다 책정

➡ 상해보험: 생보가 손보 대비 3.4배 / 질병보험: 손보가 생보대비 1.6배

◆ **개선**

원가분석 없이 영업경쟁만을 위해 사업비를 높게 책정하지 못하도록 제3보험 해약공제액 산출기준을 생·손보간 일원화

## II. 계약자의 합리적 선택을 위한 정확한 정보제공

[보장성보험을 저축성보험으로 오해시키는 요인 개선]

### 1. 저·무해지 환급형 보험상품 안내 강화

동일한 보장성보험임에도 보험료가 20% 저렴한 저·무해지 환급형 보

험의 판매량이 크게 증가하였다. 하지만 불완전판매 가능성이 있어 저·무해지 상품판매 시 설명의무 등이 강화된다.

### ◆ 현행

**최근 보험료가 저렴한 대신 해약환급금이 적은 저·무해지 환급형 보험상품 판매가 증가**

➡ 보장성보험임에도 일반보장성보험 대비 해지환급금이 적거나 없어 보험료가 20% 저렴

**소비자의 보험료 선택권이 확대되었으나 초기 해지 시 해약환급금을 받지 못하여 추후 민원 발생 우려**

➡ 초기에는 환급률이 낮지만 20년 이후부터 환급률이 높아져 30~40년 후의 환급률 안내

| 구분 | 일반형 (유해지환급형) | | | 무해지환급형 | | |
|---|---|---|---|---|---|---|
| 보험료 | 53,500원 | | | 39,600원 (26% 저렴) | | |
| 경과 기간 | 보험료 | 해약 환급금 | 환급률 | 보험료 | 해약 환급금 | 환급률 |
| 10년 | 642 | 557.5 | 86.8% | 475.2 | 0 | 0.0% |
| 20년 - 1일 | 1,284 | 1,284.7 | 100.1% | 950.4 | 0 | 0.0% |
| 20년 | 1,284 | 1,284.7 | 100.1% | 950.4 | 1,284.7 | 135.2% |
| 40년 | 1,284 | 1,868.4 | 145.5% | 950.4 | 1,868.4 | 196.6% |

### ◆ 개선

**저·무해지 환급형 보험상품은 저렴한 보험료 선택권을 제공하는 순기능도 인정할 필요가 있어 단계적으로 제도 개선 추진**

➡ 저·무해지 상품 가입 시 고객에게 지급되는 해약환급금이 적거나 없을 수도 있음을 자필로 기재토록 하여 소비자 이해도 제고

➡ 저·무해지 상품 가입 시 향후 해지시점별 해지환급금을 설명하도록 안내 강화

➡ 향후 저·무해지 보험 상품을 모니터링하여 소비자가 제대로 이해하지 못한 경우 상품설계 기준 강화 등 추가적인 개선방안 모색

## 2. 보장성보험의 연금전환특약 예시 강화

보장성 종신사망보험 권유 시 연금으로 받을 수 있다는 사실을 강조하며 저축성보험 처럼 불완전판매하는 경우가 많았다. 향후에는 보장성보험 가입 시 연금전환 특약을 통안 연금액과 저축성보험 가입 시 수령 가능한 연금액을 비교할 수 있도록 공시가 강화된다.

◆ **현행**

**보장성 종신사망보험의 가입을 권유하면서 해약환급금으로 연금전환을 예시하며 저축성 연금보험처럼 안내**

➡ 상품설명서에 소비자 유의사항으로 저축성연금과 연금액 비교안내를 하고 있으나, 다른 지면에서 각각 안내하는 등 실질적인 비교안내는 소홀히 될 소지가 높은 상황

**종신사망보험은 사업비가 높게 부가되어 있어 연금액이 저축성 연금보험 대비 현저히 낮으나 이를 명확히 알리지 않고 판매**

➡ (가정: 남자 40세, 20년간 매월 26만 원 납입하고 60세 부터 연금을 수령하는 경우) 연금보험 가입 시 매년 344만 원 수령 vs 종신사망보험 가입 후 60세에 연금전환 시 매년 263만 원 수령

◆ **개선**

**보장성보험 가입 시 연금전환특약을 통한 연금액 안내 시, 저축성 연금보험의 연금액과 동시에 비교 안내하도록 공시 강화**

## 3. 보장성보험의 보험료 추가납입 한도 축소

보장성보험을 저축성보험으로 오인하여 가입하는 것을 방지하기 위해 향후에는 보장성보험의 추가납입 한도가 2배에서 1배로 축소된다.

◆ **현행**

**저축보험 또는 연금보험 가입을 원하는 계약자에게 보장성 종신사망 보험을 소개하면서 동일 또는 유리한 상품이라고 안내**
➡ 금감원 미스터리쇼핑 결과(17년 12월)

**종신사망보험은 수당 등 사업비가 높게 부가되어 있으나 보험기간이 100세 이상의 초장기여서 높은 환급률 예시가 가능**
➡ 납입보험료 대비 200% 이상 예시 가능

◆ **개선**

보장성보험을 저축성보험으로 오인하여 발생할 수 있는 민원 방지 등을 위해 추가납입 한도를 현행 2배에서 1배로 축소

## 4. 변액보험 수익률 안내 강화

변액보험의 경우 펀드수익률에서 각종 차감하는 비용이 많아 투자수익률과 실질수익률이 상이하다. 향후에는 저축성보험처럼 보장성보험도 각종 차감하는 비용을 반영한 실질 수익률이 표시된다.

◆ **현행**

**변액보험은 최근 사후적으로 차감하는 각종 보증비용 등이 크게 증가하여 예시된 수익률과 실질 수익률 차이가 큰 상황**
➡ 지속적인 금리하락 등으로 인해 자산운용 결과와 관계없이 보증하는 사망보험금 지급을 위한 최저보증비용이 크게 증가

현재 저축성 변액보험은 펀드수익에서 사후적으로 차감하는 각종 보증비용 등을 고려한 실질 수익률을 함께 안내 및 예시

➡ 저축성보험 해약환급금 예시표

| 경과기간 (년) | 납입 보험료 (만원) | 특별계정 투입금액 (원) | 투자수익률 (-1%가정) (순수익률 -1.1%) | | | 투자수익률 2.5%가정 (순수익률 2.4%) | | | 투자수익률 3.75%가정 (순수익률 3.7%) | | |
|---|---|---|---|---|---|---|---|---|---|---|---|
| | | | 보험금 (만원) | 환급금 (만원) | 환급률 (%) | 보험금 (만원) | 환급금 (만원) | 환급률 (%) | 보험금 (만원) | 환급금 (만원) | 환급률 (%) |
| 1 | 360 | 329 | 537 | 276 | 76.7 | 543 | 282 | 78.4 | 545 | 284 | 79 |
| 50 | 7,200 | 6,473 | 7,200 | 4,158 | 57.8 | 17,774 | 17,564 | 243.9 | 29,272 | 29,062 | 403.6 |

◆ 개선

보장성 변액보험도 저축성 변액보험 처럼 펀드수익률에서 보증비용을 차감한 실질 투자수익률 예시

➡ 사후적으로 확정 차감되는 비용을 반영한 투자수익률을 제시하여, 소비자가 해당 내용을 미리 알고 가입할 수 있도록 유도 [실질 수익률 = 2.5%(평균공시이율) - 매년 20만 원(최저사망보증비용)]

## Ⅲ. 보험 모집수수료 개선

### 1. 보험 모집수수료 제도 개선

보험모집 시 과도한 모집수수료로 인해 각종 위법행위들이 발생된다는 지적이 많았다. 향후에는 보험상품을 설계하는 시점부터 모집수수료 지급 기준을 명확히 설정하여, 임의적으로 지급하는 모집수수료가 최소화된다.

♦ **현행**

일부 보험사가 매출 확대를 위해 GA등에 과도한 수수료를 지급하고, 모집조직은 다른 보험사에 동일 수준의 수수료를 요구

➡ 이에 따라 보험사들의 사업비 지출이 증가하고, 보험료에서 부가보험료(사업비)가 차지하는 비율도 증가하는 추세

시책 및 시상 명목으로 수시로 지급하는 모집수수료로 인해 모집조직간 형평성을 저해하고, 타인의 이름으로 계약을 체결하는 등의 각종 위법행위가 발생된다는 지적

## 모집수수료 사례

- 보험회사 임의로 지급하는 시책이 전체의 25% 수준으로 파악
* 모집실적 비례수수료 1,000%, 성과수수료 50%, 시책 400%, 기타 100%
- 판매실적이 많은 대리점 및 설계사에게 더 높은 수당지급률 책정

| 월보험료 | 10만 원 | 15만 원 | 20만 원 | 30만 원 | 50만 원 |
|---|---|---|---|---|---|
| 모집수수료 | 100만 원 | 150만 원 | 200만 원 | 350만 원 | 700만 원 |

♦ **개선**

보험회사가 보험상품을 설계하는 시점에 모집수수료 지급기준을 명확히 설정하여, 임의로 지급하는 모집수수료를 최소화

➡ 해약공제액을 재원으로 모집조직에게 지급하는 수수료는 상품개발 단계에 지급기준을 명확히 설정하고 기준 변경 절차를 강화

* 수수료 지급기준 변경 시 기초서류 부속서류인 보험료 분석보고서가 변경되며, 이는 기초서류 관리기준에 따른 변경 절차를 준수할 필요

### 2. 모집수수료에 의한 작성계약(차익거래) 유인 제거

보장성보험 유치 시 1년 동안 납입해야하는 보험료보다 지급받는 수

수료가 많아 보험계약을 1년만 유지 한 후 해지하여도 이익이 발생하여 불완전판매가 유발되었다. 향후에는 모집수수료를 1차년도 납입보험료를 초과하여 지급할 수 없도록 개선된다.

### ◆ 현행

**모집수수료(해약환급금 포함)가 납입보험료를 초과하는 경우 모집조직 입장에서는 보험계약을 해지하여도 차익 발생**

➡ 해약환급금 + 모집수수료 〉 납입보험료 (특히 보험계약 가입이후 1차년 시점에 월 납입보험료의 총액(월 납입보험료의 12배)대비 모집수수료는 총 12배를 초과하는 상황 발생)

**일부 보험회사가 통상적인 보험 모집수수료에 추가로 시책비(최대 월 보험료 5~6배)를 지급하여 작성계약 및 불완전 판매 유발**

➡ 모집관련 수당 및 수수료의 총액이 납입보험료보다 많은 경우 모집인은 가공의 보험계약을 작성하여 수당 및 수수료와 납입보험료의 차액을 수취한 후 해지

### ◆ 개선

보장성보험은 가입 이후 1차년도에 지급한 모집수수료와 해약환급금의 합계액이 납입보험료 이내로 설정되도록 개선

➡ 해약 시 차감하는 공제액이 적어질수록 소비자에게 유리하므로, 표준해약공제액의 80%이상을 공제하는 보장성보험만 해당 기준을 충족하도록 기준 마련

2차년 이후 추가 모집수수료 지급이 가능하므로, 수수료 총액 제한은 아니며 적정 수준의 수수료 지급이 가능할 것으로 판단

➡ 제도 시행 시 모집조직의 소득감소가 발생할 수 있다는 일부 우려를 고려하여 충분한 유예기간을 두고 시행 ('21년 시행)

➡ 작성계약 유인이 낮은 비대면채널(TM, 홈쇼핑 등)은 채널 특성에 따른

비용을 일부 인정하되, 수수료 지급기준 명확화 및 신뢰 제고를 위해 공일 규제를 점진적으로 적용할 필요 ('22년 시행)

| 구분 | 보험료(누적) | | 모집수수료(누적) | |
|---|---|---|---|---|
| | 1차년 | 2차년 | 1차년 | 2차년 |
| 현행 | 120만 원 | 240만 원 | 130만 원 | – |
| 변경 | 120만 원 | 240만 원 | 110만 원 | 130만 원 (+20만 원) |

## 3. 모집수수료에 분할지급(분급) 방식 도입

보험계약 유치 시 전체 모집수수료를 80~90%를 6개월 이내에 지급하는 선지급방식으로 인해 여러 가지 부작용이 발생하였다. 이러한 부작용을 예방하고자 향후에는 수수료 분급제도가 시행된다.

◆ 현행

보험산업의 가장 큰 폐단으로 지목되고 있는 모집수수료를 일시에 지급하는 선지급 방식에 대한 개선 필요성이 지속적으로 제기

➡ 모집수수료 선지급방식: 전체 모집수수료의 80~90% 이상을 6개월 이내에 지급

### 모집수수료 선지급 관련 부작용 사례

- 소비자 측면: 연고관계에 의해 원하지 않는 보험을 가입하고 조기 해약 시 과도한 해약공제로 해약환급금 축소 및 보험료 인상
- 설계사 측면: 계약체결 이후 높은 모집수수료를 기대할 수 있으나, 모집수수료 총재원은 동일 수준이므로 모집조직에게도 불리

1) 소득 불안정: 조기 해약 시 선지급 받은 수수료가 환수
2) 소비자 신뢰 하락: 잦은 이직으로 소비자 신뢰 상실
3) 추가 비용발생: 선지급 수당의 이행보증 비용 지출 (인당 15.4만원)
   * 보험설계사가 수수료를 선지급 받은 이후 위촉계약 해지 등으로 수수료 반환사유가 발생하였음에도 불구하고, 이를 반환하지 못한 경우 보험회사가 입은 손해를 보장
- 보험사 측면: 과도한 영업경쟁으로 인해 지급되는 선지급 수수료는 재무건전성에 악영향 및 소비자·설계사의 신뢰 상실 유발
   1) 선지급 수당 지급을 위해 과도한 비용 지출
   2) 조기 해지계약의 선지급 수수료를 위해 정상 계약의 모집수수료를 적게 지급하여 설계사 형평성 저해
   3) 중도해지 시 해약환급금 분쟁 등으로 민원에 지속 노출

◆ 개선

- 현행 선지급방식 이외 수수료 분급제도를 병행하여 도입
- 수수료 분급 시 연간 수수료는 표준해약공제액의 60% 이하, 분급수수료 총액이 선지급방식 총액 대비 5% 이상 높게 책정되도록 설계
   ➡ 선지급 방식: 1차년 900 / 2차년 100 → 총액 1,000
   ➡ 분할지급 방식: 1차년 600 / 2차년 450 → 총액 1,050
- 분급방식을 선택한 모집종사자가 불리하지 않도록 보험회사와 모집종사자 간 위촉계약이 해지되더라도 위촉계약이 해지된 시점을 기준으로 선지급방식과 분급방식을 비교하여 차액 정산

## ◎ 향후 일정

해당 규정은 19년 8월 중 법규개정안을 마련하여 입법예고 하고 '19년 하반기에 규개위 심사, 금융위 의결 등의 법규 개정절차 완료할 예정이다. 그리고 해당 규정의 적용시점은 보험회사의 준비기간을 고려해 20년 4월부터 시행될 예정이며, 보험모집수수료 제도 개선의 경우 모집수수료 시스템과 모집조직 소득 영향을 고려하여 21년 1월부터 시행될 예정이다.

**추진과제별 조치사항 및 일정**

| 추진과제 | 조치사항 | 시행 |
|---|---|---|
| 1. 보장성보험 중 불합리한 사업비(해약공제액 포함) 체계 개선 | | |
| 보장성보험의 저축성격 보험료 및 해약환급금에 대한 사업비 개선 | 감독규정 개정 | ~20년 4월 |
| 치매보험 등 고령자 보장상품의 사업비 개선 | 감독규정 개정 | ~20년 4월 |
| 갱신형·재가입형 보험상품의 갱신사업비 축소 | 감독규정 개정 | ~20년 4월 |
| 사업비가 과다한 보험상품의 공시 강화 | 감독규정 개정 | ~20년 4월 |
| 제3보험의 해약공제액 산출 일원화 | 감독규정 개정 | ~20년 4월 |
| 2. 보장성보험을 저축성보험으로 인식시키는 요인 개선 | | |
| 저·무해지환급형 보험상품 안내 강화 | 협회규정 개정 | ~20년 4월 |
| 보장성보험의 연금전환특약 예시 강화 | 협회규정 개정 | ~20년 4월 |
| 보장성보험의 보험료 추가납입 한도 축소 | 감독규정 개정 | ~20년 4월 |
| 변액보험 수익률 안내 강화 | 시행세칙·협회규정 개정 | ~20년 4월 |

| 추진과제 | 조치사항 | 시행 |
|---|---|---|
| 3. 보험 모집수수료 제도 개선 | | |
| 모집수수료 지급기준 명확화 | 감독규정 개정 | ~21년 1월 |
| 모집수수료에 의한 작성계약 유인 제거 | 감독규정 개정 | ~21년 1월 |
| 모집수수료 분할지급(분급) 방식 도입 | 감독규정 개정 | ~21년 1월 |

이 자료는 금융감독원에서 발표한[보험상품 사업비 모집수수료 제도개선]자료를 기반으로 작성되었습니다.